齋藤孝の絶対幸福論

齋藤 孝
Takashi Saito

実業之日本社

プロローグ

私は若いころから25年以上、大学生たちと向き合っています。

彼らが不満や不安を抱えながらも自分を落ち着かせ、自己を形成しようとする様子を見続けてきました。

最近も「自分は幸福だと思うか、不幸だと思うか」と、学生たちに問いかけてみました。

すると、「自分は不幸だ」という人は15％から20％くらいで、意外に少ないのです。

不幸だと思っている人の中には、「自分は嫉妬心が非常に強く、『みんなすごいな』と思うと、羨ましくなり、『自分はそうでないのに』と心が落ち着かなくなる」などと正直に答えてくれる学生もいました。

そうした思いは、あえて口に出さないまでも、誰でも多かれ少なかれ持っているものでしょう。

人の心には不安感や不全感をもたらす裂け目のようなものがあります。

そうした裂け目がエネルギーをためることもあるし、エネルギーが浪費され、自分自身を立ち往生させることもあります。

一方、幸福だと思っている人も、案外多くのストレスを抱えているようです。今の若者たちはＳＮＳで大勢の人とかかわり、細かなストレスを感じながら生きているのです。

ＳＮＳはストレスを増やすのでしょうか、それとも減らすのでしょうか。

学生に聞いてみたら、ＳＮＳによりストレスが増えるというほうが多数派でした。現在は、不幸とはいえないけれど、ストレスは多いという状況があるようです。

世界史的な視点からみると、現代の日本に生まれただけで既に幸福だという考え方もあります。

これまでの人類の歴史や国家同士の戦いなどをみると、人権がなく簡単に命を奪われるような時代と比べ、現代は基本的な人権が守られていて、しかも日本の場合は豊かさによってそれがかなり保証されています。

そういう時代にこの国に生まれたということ自体、幸福のベーシックな部分がすでにできているということです。

そのような状況の中で改めて、「幸福は何によって得られるか」となげかけても茫洋として、ことに若い時期には切実な関心を引きません。

「絶対幸福論」と銘打ってはいますが、果たして共感を得られるようなものはあるでしょうか。


漠然と将来に不安を抱いている若者世代に。

そんな若者を子どもに持ちながら、幸福についてうまく伝えられない親世代に。

本書が、そんな方たちにとって「幸福」の意味を考えるきっかけ、「幸福」を得るための行動の指針となれば幸いです。

2016年6月

齋藤　孝

齋藤孝の絶対幸福論

目次

Chapter 1

絶対的な幸福とは？

Chapter 2

幸せをつかみとるには道筋がある

Chapter 3

家族を持つことの意味 071

Chapter 4

世界に散りばめられた幸福へのヒント

Chapter 5

幸福へ続く道にある落とし穴 —— 131

Chapter 6

個人と社会が幸福をつかむために

Chapter 1

絶対的な幸福とは?

シンプルな基準を2つ持つと幸福な気持ちで毎日をクリアできる

私がどのようなときに幸福を感じたのかで考えてみると、シンプルに2つのことが思いつきます。

「サウナ」と「餃子」です。

サウナで汗をかいて、餃子を食べていると、幸福の基準はほぼクリアしているという感覚が20代の頃からいまに至るまであります。しかもそれは、現在まったく変わらない軸として私の中にあります。

サウナと餃子というと、いかにもシンプルであり、あまりお金がかからないものです。幸福とは、そんなに簡単なものなのかと思う人もいるでしょう。

それでも、この2つが自分の中で幸福感のベースだと私自身がはっきり認識していることが重要なのです。

いいことや楽しいことは様々ありますが、「この2つが確保できていれば大丈夫!」と自分が思い続けることで、幸福だと思える効果も倍増します。

何か嫌なことがあったらサウナに入って汗をかく。そうすると汗と一緒に嫌なものが流れていくという、信仰にも似た思いが私にはあります。

そうした思いでサウナに入ると、他の人が汗を流すだけなのに比べて、私の場合はいろいろな思いも一緒にデトックスできているのです。

サウナに幸福の基準を置くようになったきっかけには、私が汗をかきにくい体質だということがあります。夏場でも汗をかきづらい。おかげで疲れにくいのはいいのですが、少し体内の循環が悪すぎます。

そこで、サウナに出合ったときに、これでようやく自分も新陳代謝が良くなる、とすごく感激したのです。

サウナに賭ける私の思いは、おそらく普通の人よりも強いものです。なぜなら、それが幸福の基盤になっているからです。

先日、学生たちと「幸福とは何か」について話したとき、「やっぱりサウナだな、僕は」と言ったところ、すごく共感してくれる男子学生が1人いました。

「サウナ最高ですよね！　自分も週3、4回行きます」「僕も週3、4回行くから同じだね」と互いに共鳴し合ったのです。

そのときにふと感じたのは、彼と私の人生経験、社会的なポジション、年収などは違うのに、幸福の基準がサウナにあることはまったく一緒で、それにかけるお金もあまり変わらないということでした。

私は20代から30年以上かけても基本的には変わらない基準で幸福を感じてきたのかな、と不思議な思いに打たれたのです。

餃子については、小学生の頃から好きで、20個30個と食べては満足感を得ていました。

大学受験を失敗したとき、予備校に通うために実家から東京へ出ました。その浪人生活を助けてくれたのが「餃子の王将」でした。毎日それを食べて、気分を安定させていたのです。

そのため、私にはある意味で餃子に対する感謝の念というものがあります。

このサウナと餃子という非常に安上がりな2本柱を持つことで、1日をとりあえずクリアできる。

「1日1日をクリアできれば、それはもうトータルでは幸福だ」という考えで今までやってきました。

「絶対的」な幸福が自分のセーフティーネットになる

自分の中にシンプルな基準を持つ。自分がそれで幸福だと思えれば、それはもうすでに幸福なのです。

孔子（紀元前の中国の思想家・哲学者）も「仁を欲すれば、ここに仁に至る」としています。

「仁」は遠いところにあるものではない。求めて志ざした時点でもうすでに「仁」に至っているというのです。

幸福も似たところがあります。幸福は遠いものではない。幸福を求めて感じたならば、幸福は、いまここにあるのです。

サウナで汗をかき、餃子を食べた瞬間に、幸福はいまここにある。そう確信を持てれば、その確信が自分にとっての絶対的な幸福なのです。

幸福は、他人があれこれいうものではなく、自分が、これが幸福だと心の底から思えれば、それは「絶対的な」幸福感なのです。

一方で「相対的な」幸福は、人と比べることで得られるものです。「自分は他の人よりもすこし収入がいい」「他の人よりも多少学歴がいい」。だから自分は幸福である。そのように人と比べて幸福かどうかを判断するので、当然比較する相手によって幸福感は変動します。

これに対して「絶対的」は、他と比べるのではなく、それ自体でくっきりと価値がわかるものです。他の人からすれば餃子がそれほどの価値を持たないとしても、私にとっては絶対的な価値を持ちます。

そんな餃子幸福論のようなものを自分は持っているのです。それがシンプルな基準を自分の中で持つということであり、絶対的幸福論なのです。

このような絶対的幸福論を持つと、人は強くなれます。これがあるかぎりは、セーフティーネットがある状態といえるからです。

多少の嫌なことや辛いことがあってもそこで救われます。そのような基準を年齢にしたがって徐々に増やしていく。

そうすると気分が落ち込んだときには、これをやればいいのだと、気持ちを逃がしていくことができます。

シンプルな基準を年齢とともに増やしていく

「コーピング」というメンタルヘルスの技術があります。いわゆる「気晴らし」です。簡単に言うと、ストレスが増えてきたときに、これをやりたいなと思う「気晴らしの方法」をたくさん書き出してみるのです。

これをやっておくと、困ったとき、鬱になりそうなとき、落ち込んだときには「これをやって気晴らしすればいい」と、ふっと気持ちが軽くなります。

私の場合、落ち込んだときにはある曲を1トラックリピートで1~2時間聴くようにしています。そうすると気分が晴れてくるのです。

スティーブ・スティーブンス（アメリカのロック・ギタリスト）の『フラメンコ・ア・ゴー・ゴー』という曲を大阪から帰ってくる新幹線の車中で聞いていると、嫌なことがあってもすっかりご機嫌になって帰ってくることがあります。

頭の中が完全にフラメンコの世界に入ってしまい、「スペインこそが我が心のふるさと」と感じてしまうほどです。実際にスペインには行ったことはないのですが、スペインは私の心の中にあると信じて、その曲を聴き続けているのです。

1トラックリピートでひたすら聞くようにすると、その曲がかかったら自分の心がうまく上機嫌にセッティングされるように習慣づけられています。

もはや合うとか好きとかいうレベルではなくて、自分のテーマソングにしてしまう。テーマソングを持つことで、その音楽がかかったら自分のワールドに入れる。

それを自分の中で習慣としていく作業を長年積み重ねていくと、自動的に心が幸福感に包まれます。

「こんな素晴らしい曲がよく作れたな」と思いながら聞いていると、「人が作ったとは思えない」「この調子のよさは天才的である」「すごい、すごすぎる！」という感じに、その幸福感はどんどん膨らんでいきます。

基本的な行動の「軸」を持って他の分野へ関心を広げる

くりかえしますが、幸福というのは意外にシンプルなものです。

サウナと餃子のようなセーフティーネットを自分の中で作っていくと、安心して今度は外に幸福を探しに行ける状態になります。

ちゃんと自分の内側に幸福の場所があると、今度は外の世界に攻める局面に入れる。すると新しい楽しみにチャレンジできるようになります。

趣味や楽しみはいろいろあったほうがいい。そこで今度は、基本となる行動の「軸」を持ちながらさまざまな分野へ攻めていくといいでしょう。「守りを固めて攻めに出る」という意識です。

私は行動の軸として、本と映画を自分の楽しみにしてきました。

古本などを、自分しか読む人がいないだろうなと思いながら読んでいると、実に気分が良くなり、著者と一対一で対話している気分になります。著者に「私はわかっていますよ、先生のすごさを」といいたくなります。

このように、いま読んでる人はいないだろうと思える本をあえて読むのは、読書の楽しみ方の1つです。

本は世界に無数にあり、それぞれの本の世界は無限に広がっています。素晴らしい宝石が打ち捨てられているような状態です。

ミステリー小説は、登場人物に惚れると、とめどなく読めてしまいます。謎解きが読みたいわけではなくて、その人物が何をやっているのかが気になってしまう。それぐらいキャラクターに惚れ込むと、続きを読みたい気持ちが止まりません。

惚れ込んだキャラクターを何人も何十人も自分の側近のように持つのも、本の楽しみ方です。

私は毎日かばんの中に勉強のための本とは別にもう1冊、自分が好きなキャラクターが生きているミステリー本を持ち歩いています。

退屈なとき、ひと息つきたくなるようなとき、ちょっとした空き時間に1ページでもいいから読んで、そのキャラクターの世界に入り込みます。それをやると幸福感に包まれるのです。

映画も私の中では大きな楽しみです。

WOWOWに加入し、NHKのBSなどで放送されているものもほとんど録画するようにしています。

すると観ても観ても膨大に録画が増えていきます。しかも海外ドラマも好きなので、毎晩1本ずつ観ていても録画した映画やドラマがあふれるぐらいの量になってしまって、人生が足りないという思いになります。

でもそんな状況を改めて考えると、こんな時代に生きられて本当に幸せだと心底思うのです。

ここで得ている幸せは、ハードルは高くないものばかりです。誰でも本や映画を楽しむことができます。

しかも、それほどお金がかからないので、素晴らしい時代に生きているという安心感を持てるようになります。

基本的な行動の軸を持つことで安心感が生まれ、他の分野へ関心を広げていくということが幸福の王道だと思います。

世界が色彩を失うような経験をしても知的な判断をできるのが人間

犬を飼っているのですが、私はただそれだけで幸福なのです。というのも、犬がこの世界に色彩を与えてくれていると認識しているからです。

それがはっきりしたのは、以前飼っていた犬が寿命で亡くなったとき。毎日かわいがっていたため、亡くなったその瞬間に大きな絶望感に襲われたのです。

そのときに、何を見ても、何を読んでも、何を聞いても面白くないという心理状態に入ってしまいました。

世界が色彩を失うという感覚です。

作詞家の松本隆さんが『君は天然色』という歌で、思い出がモノクロームになっていて、色をつけてほしいというような歌詞をつくられました。妹さんが亡くなられて、世界が色を失ったという経験があって書かれたそうです。

それと同じようなことが犬を亡くした私に起こりました。私は飼い犬を失った深い喪失感は犬でしか癒やされないと考えて、新しい犬をお迎えすることにしました。

そうしたら、新しい犬の存在感が私の心の傷を癒やし、モノクロームになった世界に色をつけてくれたのです。

喪失感や傷ついた心は、おそらくみなさんにもあると思います。これから先もそういう体験をすることがあるでしょう。

そのときには、これは何によって癒やしたらいいのかと考えて行動することが大事です。ペットロス症候群になることもありえるけれども、それが亡くなった愛犬の望みではないはずです。

私の場合は即座に新しく飼いはじめた犬に救いを求めたのです。犬でしか埋めることのできない心の部分が自分にはあることを認識して、犬を新しく飼うという行動に出てみたら、やはり自分が救われたのです。

もし、その行動に出る判断をしなかったら立ち直れなかったのではと思うと、少しぞっとします。

人間の特徴は、前頭葉が働いていること、つまり知的な判断ができることです。悲しみにうずくまっているばかりではなく、そこで何かを判断して、これが自分には効くのではないかと思って行動してみる。そうすると、現実が変わってくるのです。

歳を重ねるごとに成熟していく大人になるための方法

年齢を重ねていくごとに、自分のマイナスな状況を取り返すための細かな工夫をたくさん持つようになる。これが、大人だと思います。

逆に若いときはあまりたくさんの工夫を持っていないものです。

大人になってくると様々な出来事があっても、それはいろいろなものの1つとなってきます。加えて工夫次第で、この喪失感はこれで埋めよう、というやりくりが上手にできるようにもなります。

「感情のやりくり」を上手にできるようになると、内側の落ち着きと、外側の多様な行動の仕方のバランスがとれてきます。

心はできるだけシンプルな基準を持って培っておく。だけれども、行動は多様に用意しておくことで、いろいろな事態が起こってもなんとかやっていける。これが成熟というものだと思います。

生きていくのであれば、成熟を続けて、幸せ度が高くなる生き方をしたい。年齢がいけばいくほど絶望してしまうのであれば、それはあまりにももったいない人生となります。

成熟とは何かと考えていくと、シンプルな基準を自分の中に持つことと、多様な行動の工夫を持つこと。この2つが大事になります。

その内と外のバランス良い両立が、その人の絶対的な幸福感を導いてくれるのではと考えます。

受け身で楽だけをしていると、どうしても「深い幸福感」が得られにくい面があります。何かを見たり聞いたりして楽しませてもらうのは、生活の中で本当に必要な部分です。

しかし、どこかで深い幸福感があるようにすると、生きていてよかったなという思いを持つようになります。

それは、山登りをする人は感じられていることだと思いますが、山は自力で登ることに意味があります。

本も同じで、『カラマーゾフの兄弟』（ロシアの小説家ドストエフスキーの長編小説）などを自力で読むほかにない。他の人に読んでもらっても、あらすじを聞いても意味がないのです。一歩一歩、山を登るように、一行一行たどって本を読むのです。

山には登ってこそ得られる深い充実感と深い幸福感があります。「重要な経験になった」「やってよかったな」と思えるような深い経験は、自分がエネルギーを費やした時に得られるものです。その深さを幸福感の基準として1つ設けることが大事です。

自分が苦労して作る、苦労して世話をする、そうした中からできあがったものは、愛おしいものです。

ガーデニングをして植物を育てる方は、世話をした分だけ可愛い。犬も世話をした分だけ可愛い。本も苦労した分だけありがたく思えます。

苦の中に楽があり、楽の中に苦があるのです。

中国の古典『菜根譚』の中にも、苦中に楽あり、というような言葉があります。これが本質ではないかと思います。

偉人たちも記す 勝ちとる幸福感

幸福論の有名なものとして、アラン（フランスの哲学者）の『幸福論』があります。

そこには、次のような一節があります。

知ることが多くなればなるほど学ぶこともますます多くなる。（中略）音楽

をやる楽しみも同じである

知れば知るほど、やればやるほど楽しみは増えていくということです。そしてアリストテレス（古代ギリシアの哲学者）の言葉をアランは引いています。

真の音楽家とは、音楽を楽しむ者のことであり（中略）「楽しみは能力のしるしである」と彼はいうのだ

何かを楽しめるということ自体が能力のしるしなのです。ピアノを弾けることが楽しいと思う人は、ピアノを弾く能力のしるしというわけです。

だから映画を見て楽しめるということも、映画を見る能力のしるしです。

そして、何かを自力で成すのであれば、それが能力のしるしなのです。何事をやるにしても、本当の進歩を証するのは、人がそこでどんな楽しみを感じることができるかです。

仕事で喜びが得られるなら、能力の証がそこにあるのです。

人にやってもらうのではなくて自分がやることが大切であり、そうすることで自分の力を感じ、楽しみを感じることができる。

「楽しいと思うこと。それ自体が能力なのだ」というアリストテレスの言葉は、非常に深い幸福感というものを表現しているのだと思います。

また、アランは「労苦こそ良きものだ」というディオゲネス（古代ギリシアの哲学者）の言葉を引用しながら、

人間は楽しみを求め労苦を避けると言っている人がいるが、それはまずい説明だ。人間はもらいものの楽しみにはうんざりするが、自分で勝ちとった楽しみはすごく好きなのだ

と記します。自分で欲した労苦こそが幸福感のカギだという説明です。

人からいわれたことを堪えるだけでは確かに幸福ではないけれども、楽しみだけを求めて労苦を避けるのも実は本当の幸福ではない。自分から苦労をしてつかみとることをしたものが本当に幸福になれるということです。

培ってきた技術や力が老いへの不安を消す

自分の力を内側から感じられたときは、子どもでも幸福感を味わいます。「これができたよ、お母さん。これができたよ」といいたくなるものです。

大人でもできないことができるようになれば、うれしいものです。また大人はかつて自分が培った技で、まわりに喜びを与えることもできます。

私が知る中では、竹を使って竹とんぼを作り、保育園の子どもたちを喜ばせるおじいさんがそうです。また、たくさん本を読み、宮沢賢治の詩などを色紙に書いて人に渡すことを楽しみにしているおじいさんもいました。その人はみんなから愛されて、色紙をもらった人はみんな喜ぶのです。

そのような培った技、力というものが他の人にも波及して、喜びを与える。こうなると、自分の中の幸福感と、他の人が喜んでくれる幸福感が混ざりあって、「この世の中に生きてこれてよかったな」という思いになります。

そういった人たちをたくさんみてきたので、老いることに心配はいらないという思いが、私にはあります。

ささやかなものでも、技術や力として培ってきたものが他の人を幸福にする。それができればいいのです。

ムーミンママは木苺のジュースを作るのが得意なのですが、彼女が木苺のジュースを作るとまわりの人がほっとする。それが技というものです。

私の祖母を考えてみても祖母が作ってくれた料理によって、みんなが幸せになることがありました。

他の人を気持ちよくするささやかな技を持つこと。そのこと自体はそれほど難しいことではありません。

多くの人を感動させる歌手のように特別な才能に恵まれないとしても、自分の作っている料理、1つの定番の料理でもいいのです。

私の父親でいえば、お好み焼き。たったそれだけでも、お好み焼きを親子で一緒に作るという、のどかなことが楽しかったなと思えるのです。

あるいは中学高校時代、毎晩のように父親とは将棋を指していました。2人とも下手なのですが、下手同士ゆえに接戦になって、その結果ほんのすこしずつ向上していく。そうやって2人でのんきな時間を過ごすというのも幸福です。

ささやかでもいいから向上していくものを持ち、人に喜びを与える。あるいはお互いに感じあえるものを1つずつ若い頃から培っておく。

そうすると老いることも怖くなくなるし、何かを失ったとしても自分にはこれがある、と思えるようになります。

学ぶこと、教養を身につけることに限りはない

若いときから本を読むということができる人は、生涯退屈をしないですみます。本を読むことはささやかな技術ですが、先人のすぐれた考えを自分の身に養分として一生もらい続けて生きることができます。

自分は思索者としてゲーテ（ドイツの詩人）やモンテスキュー（フランスの哲学者）を上回ることができるといえる人は少ないと思います。しかしながら、そうした先人たちがいるおかげでどこまでも上に引き上げてもらえる。1人では行くことのできない

世界に引っ張ってもらえる。

それは、宇宙物理学の本を読んでも感じます。ダークマターという暗黒物質の存在がよくわかったものだと感動することがあります。

様々な領域の本を読めることは、この世界のほとんどすべての知識に開かれているということです。

私たちは、「本を読む」「文章を書く」という根本的な技術を身につけることで、一生かかってもくみつくせない知識の泉と出合うことになるのです。

夏目漱石の『私の個人主義』という講演録には、いつ読み返しても、「漱石は本当にいいことをいうな」と感心するものがあります。私の座右の本です。

そこで漱石は、他人本位ではなく自己本位という4文字をみつけて、神経症的な袋詰めにあったような状態から抜け出せた、といいます。

ロンドンの下宿の一室で苦労している毎日の中で、自分が思ったことをやればいいんだと深く思い立ったときに、「自分の好きなように論文を書こう」「そして好きなように小説を書こう」と気持ちが変わり、何ものも恐れることはない、と思い至ったのです。

英文学をやっている漱石にとっては、英国人の学者は常に自分の上の存在でした。そのためにコンプレックスを抱えていたのですが、もうそういうことは関係なく、自分が思った文学理論をいえばいいじゃないかと割りきったのです。

袋の中にこもっていたけれど、中から錐《きり》で袋を割いて表に出たような感覚を漱石は味わったわけです。

このことを若い人たちに、本当に気持ちを込めて伝えています。あなたたちも「これが自分の本領なんだ」「これをやったら生涯悔いがない」というものを見つけなければだめだ、そういう自分の鉱脈にがっちりとつるはしを当て、掘り当てたというところまでいかなければだめだ、と。自分の経験を踏まえて切々と講演をするのです。『私の個人主義』を読むと、そのときの漱石の肉声が聞こえてくるようです。これを度々読み返すことによって、私は「自分の鉱脈にがっちりとつるはしを当てたような感覚があると違うのだな」と思いました。

そして「教育学というものに賭けよう」「身体を基盤にする教育学を作ろう」という志が、自分にとってガチンと当たった感じがしたのです。

大学を卒業してから十数年間、定収入がなく過ごしましたが、その間もこれが自分の本領であると思いながら、なんとかメンタルをやりくりしてきたのです。

自分の鉱脈をみつけ、それを仕事の本領にできれば、これはもう、一生が幸福です。パティシエの方がケーキ作りに邁進していく。それが本領であれば、一生が幸福なのです。

仕事の本領を邁進していく中で、人が喜ぶ姿を見る。それが私たちの喜びだと思います。作家が1人部屋にこもって書き続けていたとしても、自分の知らないどこかでこれを読んだ人が喜んでくれていると思いながらやっぱり書くものです。

完全な孤独ではない。だからといって、SNSのように始終つながっているのでもない。どこかで巡りあって、喜びを感じてもらえる。一期一会の出会いの中で、自分のやったことに充実感を覚えられれば、それは幸福なのだと思います。

そしてそれは、自分のやっていることへの「誇り」につながります。誇りを持つことが幸福にとってはすごく大切なのです。

いわゆるプロの技というものに至ると、それが自分自身の中で絶対的な基準になります。プロとしてやっているという誇りがあるからこそ、絶対的な自信になります。

そういうものを1つでもいいから、若いうちから培っておく。すると自分の仕事に誇りが持てると同時に、自分の人生にも誇りが持てる。

誇りが持てる人生は、幸福な人生です。仕事でなくてもいいので、誇りを持てるものを持つようにしていくのが、幸福の基本なのだと考えます。

幸福は与えられたものを最大限活用することで得られる

この章の最後に、ニーチェにも影響を与えたショーペンハウアー（ドイツの哲学者）の幸福に対する考えを紹介しましょう。彼は『幸福について——人生論——』の中で、幸福で大事なことは「人柄」だといっています。多くの人は「人柄が幸福を決めるの？」と不思議に思うかもしれません。

平民も奴隷も征服者も本音を吐かせりゃ、昔も今も、人と生まれて最大の幸福は人柄に帰すると言っている

ゲーテの『西東詩集』の詩を著書の中で引用しながら、ショーペンハウアーは、最大の幸福は自分自身の人柄、気質であると説いています。「空腹にまずいものは無し」とし、幸福は主観的なものであって、自分がこう思えば、それが基準になるのです。

ソクラテスは店先に陳列された奢侈《しゃし》品を見て、「私に用もないものがずいぶんあるものだな」と言ったことであった。

したがって人生の幸福にとって我々のあり方、すなわち人柄こそ、文句なしに第一の要件であり、最も本質的に重要なものである

自分にいらないものはいらない。要・不要の基準はその人によります。つまり、私たちのあり方が重要だというのです。世界や時代が重要ではないのです。

なぜなら、いろいろな地域、時代でそれぞれの幸福感があるからです。

たとえば、武士には武士の幸福感がありました。いきなり切腹をすることがあっても、それが潔白を証明するいい機会と捉えて切腹した武士も多い。いまの私たちからは想像できない名誉ある死なのです。ただ、あり方がいまの時代とは違うので、比べることができないのです。

ショーペンハウアーはゲーテの言葉を引用します。


汝のこの世に生まれたその日、日輪を迎えた惑星のそのときの星配りそのままに、生れたときの掟に従い、早すくすくと育ってきた。これよりほかに道もなく、おのれを捨てるすべもない。こういうことはその昔、巫女どもが、預言者どもが言うたげな。形を具えて、さかえゆく生命は時にも、力にも、砕かれはしない

私たちは自分たちの生まれる時代や地域や家庭、そのほか才能といったものを選ぶことはできない。運命を背負っていくしかない。

この身長に生まれてきたのも運命、このような気質に生まれてきたのも運命、そういう運命を背負って生きていく。その運命は、いろいろな時間、あるいは他の力によって砕かれることはないのだ、ということです。

このゲーテの詩を受けてショーペンハウアーは、

この点、われわれとしては、与えられた人柄を最大限に活用するだけである。したがって柄に合った計画だけに努力を集中し、柄に応じた修行の道に励み、他のいっさいの道を避け、柄にぴったりとくる地位や仕事や生き方を選ぶことである

とはっきりといいます。つまり、自分が運命によって与えられた人柄、才能というものを最大限に活用するほかない。その中で仕事や生き方を選んでいくのです。

福沢諭吉も、与えられたものを変えることはできないのだから、その中でできるところまで伸ばすのだということをいっています。無限の可能性があるといった安易なことをいわないところが福沢諭吉らしいところです。

与えられたものの中で最大限に活用しようじゃないかという、こういうショーペンハウアーや福沢諭吉のようなメッセージは、ある意味で私たちの気持ちを楽にしてくれます。他の人がどこまで行こうが関係ないのです。

自分の与えられたものは何かについて、あまり難しく考えなくても大丈夫です。

人は自分に向いていることをやっている時は楽しいものです。逆に自分が向いていないことをやっていると苦しくなってきます。

ですから、これは自分に向いている、自分というものを最大限に活用しているという感覚を与えてくれるものに、自然と出合えるはずです。

たとえば野球をやる人が、努力してもイチローにはなれないから野球を辞めたいといわないように、自分の中で野球が一番向いてると思えばそれをやればいいのです。

本当に注目されないマイナースポーツに一生を賭ける人もいます。その競技でなかなか収入を得ることは難しいかもしれないが、それに賭けるというのです。

また、お金がもらえなくても教師をやりたいという人もいます。退職後の教師でお金はいらないから、子どもたちの役に立ちたいと思っている人もいます。

「お金はいらないからこれをやりたい」という気持ちで臨めるようなものがみつけられれば、幸福であろうと思います。

自分というものの向き不向きをみつめなさいというショーペンハウアーの言葉は、私たちにとって示唆深いものです。

Chapter 2

幸せをつかみとるには道筋がある

No. **01**

定職・定収入で得られるお金よりも大切なもの

毎年、100人単位の卒業生を送り出し、彼らの行く末を見ている私が感じるのは、ベースの部分をしっかり作ることができた学生はその後、幸福感を感じやすいということです。

ベースの部分というのは、定職と定収入があるということ。

それが結婚年齢をある程度早めるうえ、子どもができて家族を形成することにつながります。

家族を持って生活が充実しているということは旧来の幸福感に近いものですが、ある意味、わかりやすいと思います。

その幸福感を持てるかどうかは、20代のかなり早い時期に決まります。

日本は新卒社会なので、その時期に入った組織次第で、結婚年齢が明らかに変わってくるわけです。

学生時代にはそれほど差がなかったように見える人たちなのに、社会に出てから得たポジションによって、その後の人生が大きく変わってしまう。

結婚をしていなくても、子どもがいなくても、決して不幸というわけではないですが、ベースの違いによって大きな開きが出てしまうのです。

20代の頃の私は理想を追求して研究生活に入っており、フロイト（オーストリアの精神分析学者）のように新しい思想を打ち立てようという試行錯誤の日々を過ごしていました。

当然ですが、収入はありませんでした。すると、自分が本当に好きなことをやり続けているのにもかかわらず、幸福だとは思えなかったのです。

それればかりか、世の中に対する恨みのような感情も持つようになりました。

しかし、それは世の中が悪いということではありません。自分が世の中の仕組みに合わせていないから、そういうことが起きるだけです。

でも、そんな状態では、不全感を持ってしまう。

それを象徴しているのが、ドストエフスキーの『罪と罰』の主人公ラスコーリニコフという青年です。

彼は「自分は学歴があり、才能もあるはずだ。でも、世の中が自分を認めない。だから仕事に就けない。いまさら普通の仕事などやっていられない。自分はもっと英雄的な仕事がしたい」という思いに駆られます。

揚げ句の果てに、自分は大きな目的のためなら何をしても許されると思い込んでしまいます。それは仕事がなく、穴蔵のようなところに住んで、ずっと考え事ばかりしているからです。

引きこもっていると、世の中全体に適応するための修正作業が省かれてしまい、一発逆転劇で一気に英雄になりたいという極端な思考に陥ってしまう。そこには現実感覚がまったくないのです。

The Happiness

定職・定収入は人生のベースとなる。そのベースの上に安心感は積み上がっていく。

No.02

仕事のできる・できないは社会的なポジションで決まる

私の経験的な印象では、ほとんどの仕事は実力ではなくポジションでなされています。

この人でなくてはできないというオンリーワンの仕事はほぼなく、どんな人でもポジションを得れば、その仕事ができる。

逆に、ポジションを失うと、再びチャンスを与えられなければ力を発揮することはできません。

問題なのはチャンスをつかむこと自体が難しいことです。

入った会社が安定していて、その中でポジションを得ていれば、かなりの人がそれなりの仕事をすることができます。

本物の競争社会であるプロ野球などの世界とは違い、一般の社会はそこまで厳しくありません。だから、ある程度の会社に入れば、その人の人生は何とかなります。馘首《くび》になるほどひどい仕事をする人は珍しく、雇用はある程度まで法律で守られています。

その結果、それほど仕事ができない人でも、かなりの収入を得ているケースがある一方で、能力は高くてもフリーランスであるがために、なかなか定収入を確保できないケースもあります。

役者の世界では、2世、3世の人は演技をする場が与えられるので経験を積むことができ、その経験が次の仕事を呼びます。たたき上げの役者さんは、経験させてもらえるチャンスを得るまでが大変です。

同様のことは私自身も痛感しました。私は40歳くらいのときに出版した『声に出して読みたい日本語』という本が何百万部と売れ、それ以降は次々と本を出せるようになりました。

しかし、これまでに私が書いた本の多くは、40代でなければできないというわけではなく20代後半でも内容的には書けました。

私は随分と、悔しい思いをしましたが、20代のときは、能力的には問題なかったものの、ノーチャンスでした。当時は本を出版したいと思っても手がかりがなく、論文を書くほかありません。しかも、その論文すらほとんどの人は読んでくれないという状況でした。

こうしたことから考えられるのは、ポジションをつかむチャンスを得ることが人生の重要事だということです。

ポジションで仕事をするように社会は動いているのです。

実力により多少の差はありますが、組織の一員だから給料がもらえているわけです。たとえば、年収が1200万円の人も、その組織から出たらどれだけのことができるのか、まったくわかりません。

私自身、定職がなく、年収200万円程度だった20代の頃は、不全感が激しく幸福感を感じにくい状態でした。

能力に自負があっても、それを発揮できるポジションがまず必要なのです。

ですから、個として生きているようでいながら、多くの人はポジションに守られながら幸福を享受しているのです。

1970年代頃まではそんな社会が当たり前に成り立っていました。その後、いろいろな構造変化によって総中流社会が壊れた結果、どこかの会社に勤め、ローンを組んで家を建て、家族を養っていくというスタイルが成立しにくくなりました。

社会がそうなると、ポジションで仕事をすることから外れてしまう人も少なくありません。

あるいは、自分の意思で大企業に入ったにもかかわらず、1年もたたずに辞めてしまう人もいます。

昔流の人間の目には、その行為はもったいなく映ります。それは1つの生き方ではありますが、ポジションで仕事をしていくのが日本社会の基本原則ですから、はみ出してしまうと苦労も多くなるのです。

The Happiness

ほとんどの仕事は能力ではなく、ポジションでなされている。社会的に重要なポジションの会社に入ることで幸福感を得やすい。

No.
03
人生の基本を決める重要な選択は意外と早く訪れる

現代社会では、自分のライフスタイルを選ぶことが、幸福感の重要なポイントになります。

そして大きな選択をする時期が意外と早く訪れるようになっています。その選択が後で取り返しがつかなくなることもあります。

そこで、私は大学1年生の最初の授業から就職活動を強く意識してもらうようにしています。

私の授業は、教師になろうという学生だけでなく、一般企業に就職しようという学生もたくさん受けており、彼らに「そんなに時間はないんだよ」と教えています。

といっても、就活の面接の練習をするわけではありません。

大学3年の終わりまでに自分自身にある程度の奥行きを持たせるように、本を読み、プレゼンテーションし、ディスカッションし、企画書を毎週書いて仲間とチェックし合う、ということをさせ続けるのです。

その成果は3年後、4年後に見られますが、きっちりと課題をこなした学生は非常に競争率の高い会社からも内定を得ることができました。

私は就活で何が求められるかをかなり知っているので、それを逆算し、日々、課題を与えているのです。

何を思考して、何をアウトプットできるのか。その実力は面接を何度かするとわかってしまうものなのです。

会社に選ばれる人は、それなりの客観性をもって選ばれています。偶然選ばれるのではないということを認識しておくことも重要です。

ある会社で内定を取った学生は、その後も多くの会社で内定を取っていく傾向にあります。そのように内定は一部の学生に偏ってしまいがちです。

つまり、誰がどう見てもその学生がほしいということです。社会は案外客観的に評価しているのです。

組織にいったん所属してしまうと、「なぜ、あの人はあの程度の仕事ぶりなのに800万円もの年収をもらえるのだろう……」という不公平は生じますが、採用の面接のときはまずまずの客観性をもってセレクトされている。それは目を背けてはいけない事実です。

もちろん、相手に見る目がない場合もありますが、10社受ければ内定率にはかなりの偏りが出てきます。全部受かって、どこに就職しようか悩む人もいれば、全滅して就職先が決まらないという人も出てくるわけです。

この違いを、相手に見る目がないと考えてしまうと、自ら道を閉ざしてしまうことになります。

内定を得るために、自分は3年かけて何を準備したのか、何を鍛えればよかったのか。就活のための課題を見つけることが重要です。

The Happiness

就職の基盤作りは大学1年生からはじめたい。思考する力、アウトプットする力を鍛えること。

No. 04

気持ちよく一緒に仕事ができる人に仕事は集まる

すごくシンプルにいいますと、明るい人間は仕事が得やすい傾向があります。

かつての職人仕事の場合は、その人間にどれだけのコミュニケーション力があるか、明るくて愛想がいいか、といった点はあまり要求されなかったでしょう。

しかし、現在はほとんどの仕事がサービス業の側面を持ち、職人仕事とはまったく違うことが要求されます。

たとえば、宅配便のドライバーはセールスドライバーといわれてお客さんと接したり、料理人も調理場からフロアに出てお客さんとあいさつしたりするのが普通になっています。

だから、コミュニケーション力があり、対人関係に関して柔軟な対応力のある人間が好まれます。

さらに、エネルギーが内側からあふれ出し、行動力があり、ほかの人とかかわりながら気持ちよく仕事ができそうだというような印象は、パッと見た感じや、3分ほど話した感触でおおよそわかります。

そして、その印象で自分の一生が決まってしまう。就活にはそういう厳しさがあります。印象評価といってしまえばそれまでですが、現代社会が要求している人間像は歴然としています。

能力の下部にあって、ベースを成している人間性の部分がそれなのです。

たとえば、わずか3分間のプレゼンテーションでも、その人の性格の明るさ、企画力、オリジナリティ、与えられた課題に対して的確に答えられる柔軟性、本質をつかむ力などが表れてきます。

実は、プレゼンそのものは練習によって上達します。1分間のプレゼンを何十回もやっていくと、やはりうまくなっていきます。

慣れない学生は「えーと」といいますが、全員に「えーとをいったら切腹ね」と冗談めかして注意すると、「えーと」はほぼ絶滅しました。

私の授業では大学1年生の初めから毎回練習しますので、3年生にもなると、やってこなかった学生とではかなりの差がつきます。

プレゼン力は生来の差ではなく、練習の差なのです。

就活が一種の競技だとすれば、そのルールも知らなければ、トレーニング方法も知らずに、何となくやっている感じの学生が多すぎます。

特に、SNSなどでだらだら時間を過ごしているだけの学生は、何十人かの人の前で話をさせると、まず間違いなくたどたどしくなります。

すると、「キミには社会性が欠けているから要らない」ということになってしまいます。

学生時代の時間の過ごし方はそれほどに貴重なもので、ありあまるような時間をどう過ごしたかがその後の人生に与える影響は非常に大きいのです。

The Happiness

コミュニケーション力や対人関係での柔軟な対応力が必要な時代。就活を競技と考えれば、トレーニングで上達できるものがたくさんあることを知ろう。

No. 05

経験の質を高めることでまわりに安心感を与える

私は学問の道を歩んできました。そのため、目的が近くにある勉強ではなく、福沢諭吉（日本の思想家・教育者）が「無目的に勉強する」といったような純粋な勉強をたくさんしてきました。

そうした無目的な勉強も、面接などで生きる場合があります。

自分には何か足りないものがあるので3カ月くらい東南アジアに行って何かの活動をし、そこで英語力や対人関係力を磨いたという学生がいるとします。

すると、小論文などを書いたときに、その体験を書くことができるわけで、ほかの学生とは違う感じが出てきます。

それは単に外国に行ったというのでなく、自分に何かが足りないと思ったときに行動できるということです。もちろん、ただ外国に行けばいいわけではありません。何をつかんできたのかということ——つまり経験の質が問われているのです。

いまの学生は、仲間同士の情報交換はまめにしますが、経験の質について決定的なものを持っている人は少ないです。

何も途轍もなく大きな経験や特殊な経験を積めというわけではありません。その経験からどれだけの意味を取り出すことができるのかという〝質〟の問題なのです。

精度を高めていくと、少し話しただけでも「あの人は経験が生きているな」という印象を与えます。「いろいろなことから意味をしっかりつかんでいるのだな」と思うと、人として信頼できる感じもするものです。

ですから、何げない日常の中からでも意味を取り出して人に話す訓練を積むことが大事です。

The Happiness

特別な経験を積む必要はない。日常的にする経験でも、その質を高められる。経験から意味を取り出すことが、質を高めることにつながる。

No. 06

経験から意味を取り出し自分を客観視する力を養う

私は「この1週間で心が動いたこと、自分自身が変化したこと、あるいは世の中をみていて面白いと思ったこと」などを、よく学生たちに聞いています。

そのストックがない場合は1週間をボーッと過ごしていたことになります。同レベルの友人との水平的な関係ではなく、たとえば「読書」によって偉人たちの言葉など、垂直軸の考えを入れていくことにより考え方の軸を作っていくのです。

こうして作った考え方の軸を日常的な身の回りの経験とクロスさせると、「この人は何かをつかんでいるな」という安心感を相手に与えます。それが情緒的な安心感にもつながるわけです。

いま、企業が雇用を避けたいのは、精神的に不安定な人だと思います。

何かあるとすぐに傷ついてしまう。そういう人はどんな企業にも一定割合いて、そのコストが非常にかかります。さらに、そんな人が1人いるだけで、まわりまで疲弊してしまうことが頻繁に起きています。

だから、企業は何としてでもメンタルが不安定でない人を採りたいのです。

簡単にいうと、社員のメンタルを心配する必要がないというだけで、企業にとってはものすごく大きなアドバンテージとなるのです。

それだけに、就活中の学生は精神的なタフさがはっきりと相手に伝わるよう表現していくことが必要です。

「自分はこのような経験をしましたが、こう乗り越えました。この先もいろいろなことが起こるでしょうが、それらも織り込み済みです」というアピールができれば、人事担当者を安心させることができるでしょう。そこには、何かを経験してきた人ならではの安心感があるのです。

同年代の人同士で競争した場合でも、「こんな出来事を乗り越えたおかげで、こういうことを得た」というように経験が生きているかどうかが問われます。

とくに「こんな失敗をしたが、それがこういう教訓になっている」という失敗の経験は貴重です。

なかには、自慢話は一切せず、逆に自分にはこんな弱点があるということをいい続けて、大手証券会社に入った学生もいます。

それは、自分をある程度、客観視できる人間だと受け取られたからだと思います。

もちろん、学生ですから、やみくもな自己肯定力もほしいところです。それが人生にとって機関車の役割を果たすからです。

前に進むエネルギーを持つために必要なのが自己肯定力であり、方向性を決めるときに求められるのが自己を客観視できる能力です。客観視できれば自分に足りないものもわかり謙虚になります。

The Happiness

特別な経験から何げない日常まで、自分を客観視してそこから意味をつかむことが、経験の質を高める。

No.07

錦織圭選手の声や発言に感じるメンタル・タフネス

いまの時代では自分に足りない能力が何なのか、言葉で明快に説明できることも求められます。そのうえで、それを発する声も重要です。

声に力がなければ、「この人は一人前のことをいっているようだが、元気がないからやめておこう」ということになってしまいます。

実際、声に「生気」がないと、就職試験はなかなか通りにくい。声に自分の人生を生きている気力がこもっているかどうかは、測定値が明確ではないため、判別できません。もちろん、生気の込め方の教育もされていません。

けれども、声を聞いただけで、「この人は何かを成し遂げたのだろうな」「この後、困難があっても切り抜けられそうだな」といった安心感を抱かせるものなのです。

運動部などに所属すると、「腹から声を出せ」などと指導されますが、それは身体のベースを作ります。そのうえで、あふれ出す気力、エネルギーが相手に伝わります。気力が満ちた声に明るさを伴っているなら、自然にコミュニケーションのベースができているということになると思います。

たとえていうなら、エネルギーの壺が7つくらいあり、そのふたが順次開いていくような感覚です。苦労して何かを突破するたびにふたが開くのです。

テニスの錦織圭選手はゲームがファイナルセットまでもつれ込むと、非常に高い勝率を記録しています。困難を乗り越えていくメンタル・モンスターだといえますが、彼も最初からモンスターだったわけではありません。

それはマイケル・チャンコーチの力でもあります。錦織選手から弱気の発言を減らし、何としても自分が勝つのだという気持ちを強めさせたおかげでもあるからです。

The Happiness

声に力があるかどうか、発言が明快で前向きか。それでコミュニケーションのベースは決まる。

No. 08

困難に立ち向かうために
エネルギーの壺のふたを開こう

困難を1つ乗り越えると、エネルギーの壺のふたが開いて、ステージが変わる。それはメンタル・タフネスが向上して、いわゆる「ワザ」になって身に付いた感じなのです。

50人くらいの人を前にして1分間話すということも、最初はドキドキするでしょう。ましてや英語のスピーチなら、はじめはうまくできないでしょう。

しかし、5回目、6回目ともなれば、相当タフになってきて、「こんなものか」という感じになり、アピールの仕方もアクティブかつ多彩になります。

たった数回の練習でも、人はそこまで変わるのです。最初は性格的に気が小さいからできないと思っていたのに、たった数回の練習で変わるのなら、それは性格の問題ではないということです。そして、自信を持つと声や表情、目の輝きも変わります。

しかし、最近の学生たちには、エネルギーの壺のふたが開いていない状態で入学し、そのままずっと開いていない状態で過ごしているケースが多いのです。そうなると、就活はなかなか厳しいものですから、簡単には勝ち抜けません。

かつては日本の社会全体でエネルギーをためる壺のふたが全開状態になっていた時代もありました。切迫した時代はみんなのエネルギーの壺のふたが開かないと、とてもやっていられないのです。たとえば、明治時代や戦後の復興期がそうです。

自分のエネルギーの壺のふたが開くきっかけとなる人物をみつけることも大事です。ただ、それが危険人物だと大変になります。

オウム真理教に入ってしまった若者はその典型ですが、そうならないよう、信頼のおける人物と接触しないといけません。

The Happiness

エネルギーの壺のふたが開くきっかけを見つけよう。それが人物の場合は、危険な人ではなく信頼できる人であるように注意しよう。

No. 09

修行願望に忍び込む危険な罠

いまの若い人にも一種の修行願望のようなものが若干あります。「プチ修行」とでもいいましょうか、それは彼らの憧れでもあるのです。

彼らは、いまの自分に満足しきっているわけではなく、何が必要なのかはっきりとはわからず、エネルギーが発揮できていないという実感があります。

そんな局面を打開しようと、お寺で短い修行をしたり、留学をしてみたりします。慣れ親しんでいない別世界に自分の身を投げ入れ、そこで苦労することによって以前の自分にはないエネルギーを開かせようとするわけです。

現在、最も注意したいのはセミナー系や自己啓発系の企業、さらにブラック企業です。それらの団体・企業はエネルギーを発揮しやすい場を用意しているとアピールしていることがあるのです。

お金ではなく気力が重要なのだといい聞かせ、むちゃな行動をさせることによってマインドコントロールしようとします。

その組織から出ていくこともままならず、そこにはまり込んで搾取される。そうならないようにするには理性を磨いておくことです。

私が知っている学生の中にも、セミナー系の悪質なブラック企業にはまって、合宿に連れていかれた者がいます。

そこで、ある文章をひたすら暗唱するように強制されたそうです。それだけのことを何日もやらされたうえ20万円取られたとのことです。

そんな目に遭うケースは、自分を根底から変えたいと思う人ほど多いようです。

この例にかぎらず、私は、自分を根底から変えたいと思う感情は危険だと捉えています。そもそも根底から変える必要などありませんし、到底できることではないからです。

にもかかわらず、自分を根底から変えたいと強く願えば願うほど、マインドコントロロール的なものを商売にしている人の餌食になりやすいのです。

基本は、あくまで持って生まれたものや培ってきたものしかありません。

「現在の自分にあるもの」を求められていることに向けて、どうアレンジし、どうアウトプットするかなのです。

自己の表現方法を身に付ければ、いま持っている武器を組み合わせるだけでも十分に戦える。

そう落ち着いて考えたほうがいい。

気質まで変えて生きていきたいというのはどう考えても危険です。

The Happiness

自分を根底から変えたい気持ちが強いほど、悪質な商法の餌食になりやすい。自分を根底から変える必要はなく、アレンジすることが大事。

No. 10

ネガティブな考えや不安と上手に付き合う

私が思うに、ネガティブ・シンキングの人たちがいるからこそ、日本はこんなに良い国になったのです。

現在の日本は「こうなったら心配だ」と、リスクをいつも考え緻密に動く社会になっています。

「イケイケドンドン」で、リスクを考えないポジティブ思考のみの国だったら、こんなに美しく整った国にはなれなかったでしょう。

ですから、自分を大きく変えたいと思うのではなく、いま持っている力をできるだけ効果的に発散する方法を考えるべきです。

持っているエネルギーをより大きくしようと思ったとしても、たとえば発展途上国に出かけて何かをするといった極端な考えをいきなり持つ必要は必ずしもありません。もっと安全な形で実現できるのですから。

あるいは、英語ができなければ不安だからといって、英語の勉強ばかりしている人もいます。

しかし、冷静に考えれば、英語を必ず使う職種は、日本ではそれほど多くないことに気づくはずです。

漠然とした不安感に駆られて勉強するのではなく、本当に必要なのは何かということを見極めて、落ち着いて対処したほうがいいでしょう。

The Happiness

自分を大きく変えなければ、と不安になる必要はない。極端に走ることなく落ち着いて、リスクを考えながら対処していこう。

Chapter 3

家族を持つことの意味

No.11

家族を形成するのが「ひとまず」の幸福

もっともポピュラーに幸福だといえるラインがあります。それは家族を形成できれば幸福だというラインではないでしょうか。

家族は、原始の時代から幸福の大きな要素だったといわれています。

現代ではそれとは違ったルートで幸福を求めることもできますが、人類が何万年ものあいだ、追い求めてきたものとは異なる幸福感を得るのはなかなかに大変です。

その点、家族形成によって得られる充足感は明白です。

最近は35～40歳くらいになって子どもがほしくなっても、まだ結婚もしていないので、すごく焦ってしまうというケースがよく見られます。

いまの女性には、結婚して男の人とずっと暮らしたいというより、子どもがほしいと思っている人が多いようです。

独身でも35～40歳になったとき、子どもを持つことの優先順位はとても高いのですが、あまり時間がありません。妊娠しにくくなっている年齢であり、結婚もしにくいのが現実です。

別に毎日を無駄に過ごしているわけではなく、働いて一生懸命生きているうちに、とても追い込まれてしまっているのです。

もちろん、子どもを持たない人生を自ら選び、幸福ならば問題ないでしょう。独身というライフスタイルにも豊かさはあります。しかし、子どものいる家庭を望むのであれば、時間を意識した行動が必要になります。

The Happiness

「家族を形成すること」は、原始の時代から人類が何万年も求めてきた、もっともポピュラーな幸福のカタチである。

No. 12

シングルマザーが生きやすい世の中に切り替える時期

離婚率が高まり、離婚はしても子どもがいれば、自分は幸せだと思う女性は多いようです。かつては「離婚＝不幸」と思われていたかもしれませんが、最近では必ずしもその図式が成り立ちません。

女性にとって幸福のいちばんの源泉は、夫婦ではなく、むしろ親子関係なのでしょう。未婚でも、人工授精で妊娠したいと考える女性さえいるくらいです。

これからは、シングルマザーが苦労して子どもを育てなければならない社会ではなく、シングルマザーを生き方として社会が認め、支援する必要があると思います。

より効果的な少子化対策を講じるには、発想をそれくらい変えることが求められるでしょう。

シングルマザーが2人、3人と子どもを抱えて生きていること自体が社会貢献であり、そうした女性がゆったりと暮らせるようにすべきだと思います。

離婚は個人の意志であり、社会がコントロールできる範囲を超えています。

いま、シングルマザーの人たちはものすごく苦労して子どもを育てていますが、彼女たちは間違いなく援助を求めています。そのためにも、シングルマザーは納税以上に大きな貢献をしているという見方が必要なのではないかと思うのです。

どうしても子どもがほしかった人は、たとえ離婚に至った場合でも、子どもがいることによってすごく幸福感を感じているのではないかとも思います。

The Happiness

女性が離婚を不幸と思う時代ではなくなった。社会貢献しているシングルマザーという生き方を真の意味で社会が認める必要がある。

No. 13

お金が無くても結婚はできる

私は、結婚に関しては、「機会があれば早いほうがいい」と考えています。というのも、30代後半になって相手を探している人たちから縁談をたのまれるのですが、なかなか難しいからです。

相手からの条件が厳しくなるうえに、自身の要求も高い。20代なら、すり合わせできる範囲に収まっています。食事と似て、おいしいものに慣れてしまうと、なかなか手軽なものでは満たされなくなるといったイメージです。

人生の経験値や人間的な魅力は上がっているにもかかわらず、結婚市場での評価は下がっていきます。

基本的に結婚とお金を関係づけ過ぎないほうがいいのです。経済的なバックボーンがあるから結婚できると決めると、不安がある人は結婚できなくなります。

歴史的にみると、人はお金があるから結婚してきたわけではありません。日本のいまの男女はたとえ年収200万〜300万円だとしても、かなりお金のある状態といえます。昭和初期や江戸時代などは生活が苦しく、お金なんて多くの人が大して持っていません。でもほとんどの人は結婚したわけです。

人類の歴史は何万年、何十万年と続いてきましたが、どの時代もお金があったから結婚したわけではないのです。現生人類は20万年前〜10万年前頃にアフリカで発生したとされています。それから人類の多くは経済的に豊かだったわけではなく、結婚生活はお金と関係なく営まれてきました。

現在の日本は史上まれにみる豊かな社会を形成しています。その点に注目すると、お金の有無で結婚を決めることがどれだけ的外れか、と思い至るのではないでしょうか。お金があるから結婚できる、なくては結婚できないという発想では、結婚できない人が増えてしまいます。

しかし、仮におのおのの年収が200万円だとしても、共働きなら計算上400万円になり、それなりに結婚生活を営めます。出産費用も市町村から補助金が出るので、お金がないならないなりに出産もできます。家族を作ることが幸福感の中心になるのだという意思が先にあれば、お金はまた別問題なのです。

落語には貧乏な夫婦の話がよく出てきます。けんかをしても、夜になればまた1つの布団に入る。古今亭志ん生の「厩火事」の枕では、酒飲みでろくでなしの亭主を持つ妻に、「だって1人じゃ寒いんだもん」と言わせています。

江戸時代は暖房器具も布団もたいしてなく、夫婦が1つの布団に寝て暖め合うしかなかったのです。現代は快適すぎてその必要がないうえ、インターネットを介して世界中の人とつながるので、寂しさを紛らわすことも可能です。

とはいえ、落語に出てくる貧乏な夫婦のように、人は、それぞれ不完全な者同士だからくっつく必要があるのです。過去を振り返っても、本当にお金のない人々が生き延びてきたのですから、お金がなくても生きられると自信を持ってもいいはずです。

The Happiness

長い人類の歴史を見れば、結婚生活とお金のあるなしは無関係。お金がないと結婚できないという考えは的外れといえる。

No.14

次世代を生み育てる幸福感と自己実現による幸福感

次世代を生み育てず、自分自身で自分の価値を認め、自分の好きなことをやるというのは個としては悪くない生き方ですが、もし、その幸福感を大多数が獲得した民族は一気に衰退するわけですから、全員に推奨できるライフスタイルとはいえません。

かつて京唄子さんと鳳啓助さんによる「唄子・啓助のおもろい夫婦」という番組がありました。エンディングでは夫が引いていくリヤカーの後ろにもんぺ姿の妻が乗っていて、赤ちゃんにおっぱいをあげているという映像に、啓助さんが作った次の詩が流れて印象的でした。

「夫婦、不思議な縁で結ばれし男と女。もつれ合い、化かし合い、許し合う、狐と狸。

夫婦、おもろきかな、おもろきかな。この長き旅の道連れに幸せあれ……」

登場してくる熟年夫婦は「おもろい」というより、「よくこれで離婚しなかったな」と思うほどめちゃくちゃな夫婦ばかり。

たいていは男のほうがめちゃくちゃなことをしていて悪いのですが、妻はそれに長年我慢して、「唄子さん、叱ってやってくださいよ、この男を」みたいな展開になり、唄子さんが叱るといったパターンです。

でも、そういう夫婦が別れることは少なく、2人のあいだにはたいてい子どもがいます。離婚するという発想もなかった時代です。

とくに女の人に離婚するための条件や発想がなく、それは女性にとって不自由だったことでしょう。

現代のように離婚できる自由が認められているのは当然いいことだと思います。しかし、離婚するという発想がいまほどなかった時代には、その時代なりの夫婦のパターンがあり、それなりの味わいを出していたのです。

次の世代を生み育てて「循環していく」ことで得られる幸福感は大きい。現在は、そうやって人間がずっと積み重ねてきた幸福の獲得の仕方を継承していない感があります。また子どもを産んで育てることは、先を計算しすぎていてはできないという面もあります。

そのくらい、子育ては大変なのです。損得を考えたら、子どもなど持つのはやめようという結論に至ることもあるでしょう。考え過ぎたらなかなか踏み出せません。結婚も、他人と暮らすのは面倒くさいことなので、考え過ぎたらできないのです。

全体の傾向として、みんなやりたい仕事があってそれを優先しているとアッという間に時間が過ぎていくのです。いまの女性たちは、やりたい仕事を何年間かやって、20代の後半にようやく仕事が面白くなるので、ちょうど結婚して子どもを産むような年齢に仕事の面白さも重なってしまうという難点があります。

女性が活躍できる社会にしようといわれていますが、子どもがいても安心して預けることができ、存分に活躍できる社会にすべきです。

The Happiness

子育ては大事業ゆえに得られる幸福感は大きい。先を考えすぎていたら、できないのが子育てでもある。

No.15

交際経験比率を下げる

男と女の2つの壁

男性にはコスト・パフォーマンス意識があり、女性には査定意識があります。その2つの壁が、異性と付き合った経験が少ない人の比率を高めてしまっています。

いまは異性と交際経験のある人の割合が減っているだけでなく、20歳の段階で異性を好きになったことがある人の割合さえ下がってきているのです。その理由の1つが、男性のコスト・パフォーマンス意識です。

女性にはお金がかかるので、自分で稼いだお金が費やされてしまいます。だからといって、その女性が付き合ってくれるとはかぎらないわけです。

時間的にも心のエネルギーという点でも、恋愛は消耗が大きいものです。モテる男性は別ですが、そうでない人にとってはものすごい努力が必要で、「そんなに努力をするくらいなら、すっぱりあきらめたほうが楽じゃないか」となるわけです。

時間とお金と心のエネルギー、そうしたすべてをコスト・パフォーマンスで考えたときに、女性にアプローチできない。そういう男性が増えているのです。

しかし、恋愛や結婚にコスト・パフォーマンス意識を持ち込むのは、それ自体が間違いです。

あるテレビ番組によると、女性が感じる男性のやさしさのなかで大きな位置を占めるのが、自分のためにお金を使ってくれることだそうです。そんな意識もどうかと思いますが、いまはそんな男女がせめぎあってしまっているのです。

そして、女性は女性で、常に男性を査定します。男性の場合は女性をそれほど厳しく査定しないのですが、女性には査定項目がたくさんあります。5項目やそこらではなく、あらゆる場面で「こういうときに、こうしてくれなかった」というような査定です。

たとえば、「こういう店を選んだ」とか「こういうメニューの頼み方をした」という。しかもプラス査定ではなく、マイナス査定です。たった1回のデートで10個、20

個ものマイナス評価がついてしまうのです。

ところが、女性たちは女子会でマイナス査定のチェック項目を増やし続けています。「それはひどいねー」「こっちも、こんなひどいことがあったわよー」といった具合に女子会で情報交換し、友だちが査定している項目を、自分のリストに加えてしまうのです。

「査定」しないで、フィーリングを重視すれば結婚は近くなります。ある独身女性が既婚者に、「どうやって決めたの?」と尋ねたら、「フィーリングで決めちゃった」と答えたので、「だから結婚できたんだ」と思ったそうです。フィーリングで決めるのと、マイナス査定項目を並べ立ててしまうのでは、まったく選び方が違います。

お互いに条件を出し合って選ぶというのは、結婚が成立しにくいのです。そうではなく、「この人は気立てがいい」とか「話が合う」など、アバウトに選ぶことが大事です。お互いに条件をいい出したらきりがありません。

ちなみに女子会によく参加している教え子によると、デートの最中から「早く女子会で、このネタで盛り上がりたい」と思うことさえあるとか。女性のほうが観察力や感性も鋭く、気が付くことも多いので、マイナスの査定項目は多岐にわたります。

女性からの男性への圧力が高まっていて、男性はそれに耐え切れません。圧力とは、査定の圧力であり、「どこへ連れていってくれるの」などと求める圧力です。社会的にも優秀で評価の高い女性からの能力や収入の圧力でもあります。

加えて、女性はコミュニケーション能力もすぐれていて、「あなた、面白いことの1つもいえないの？」と暗ににおわすような圧力もあります。圧力が強すぎるあまりに男性が避けてしまう現象も生じています。

とはいえ、結婚にうまく至らない様々なケースをみていると、男性の「踏ん切りの弱さ」も大きな問題だと感じます。

フィーリングを信じて「えいやっ」と飛び込む勇気が、人生の転機を招きます。

The Happiness

コスト・パフォーマンス意識と査定意識を振り払い、フィーリングをもっと大事にしないと結婚は成立しにくい。

No.16

イケメン男性への評価にみる文化的デフレスパイラル

近年、男性に対するイケメン志向が強まっています。昔から二枚目がモテることはあったと思いますが、評価基準としてここまで強くはなかった気がします。

私の父は大正の終わりの生まれですが、「いまの男は足が長いの短いのと評価されて大変だな。俺たちの時代にそんなことをあげつらう女性は1人もいなかった」などといっていました。

その頃は女性が男性の足の長さなどを、さして問題にしなかった時代です。いまは女性がそういうことを発言する権利が認められた時代だともいえます。

ただ、そうした評価にはある種の圧力があって、ストレスを感じている若い人も多いのです。イケメンになるということは、学力を高めたり、見聞を広めて教養を身に付けたりすること以上に難しいからです。

変えようがないもの、持って生まれた遺伝子で確定しているもので評価される時代は、文化的には後退していると思います。それならば生物学的に遺伝子を確認するだけになってしまいます。

文明が発達しても、結局は文化による達成が重んじられない「文化的デフレスパイラル」にはまってしまいかねません。

いま、「どういう男性がいいか」と街でアンケートを取ると、その回答に「頭がいい」「知性がある」「教養がある」とは一切出てきません。その方面で努力しても、もはや駄目なのです。

これが文明の果ての姿なのかということを考えると、評論家の大宅壮一が「一億総白痴化」といっていたように、「そういう時代なのかな……」とも思います。

The Happiness

努力しても変えようがないもので評価することは、文化的な後退を示す。

No. 17

生物的な「常識」を忘れてはいけない

優先順位を間違わないこと。

これが幸福のとても大きなポイントです。

人間が独りで幸福になることは非常に難しい。子どもに託すからこそ、自分はもう死んでもいい。生物にはそんなところがあります。

カマキリの雄など、その極みにある存在で、生殖活動の後は雌に食べられてしまいます。

求愛のために歌って踊る鳥の話をNHKの『ダーウィンが来た！』で観ましたが、その鳥は雌の気を引くために、上手に踊らなければならず、師匠について何年も習います。

雄同士が苦労して雌を獲得する姿に、男性にとっては女性を得ることが究極の目標だということを鳥から教えられる思いです。種を残すため、雄が雌を奪い合うのが生物の基本なのでしょう。

結婚は家族を構成する基礎なのですから、恋愛やモテる・モテないということとは別次元です。

モテる人間でも結婚しない人間はたくさんいます。つまり、恋愛市場と結婚市場はまったく別物だと考えるべきです。

「市場」という言葉や考え方自体が結婚にそぐわないなら、「縁があって」などのアバウトなところや、話が合うというフィーリングで、ある程度、踏ん切りをつけて結婚すればいいのです。

The Happiness

生物として男性が女性を得ることは究極の目標。それゆえに結婚と恋愛とは別次元の話である。

No. 18

能力で査定しない唯一の場所が家族

障害のある子どもがいる家族のドキュメンタリーを見たことがあります。そうした家族の愛情は本当に濃い。

たとえばお兄ちゃんの耳が聞こえないと、妹も含め、家族全員で手話を習うのです。きょうだい喧嘩を手話でしても、また楽しいというような関係なのです。

家族は選べません。

私はその選べない関係性が大切だと思っています。

仕事の世界ではほとんどの人が別の人に代替可能です。テレビの世界も、「この人でなければ」という感じで出ている人でさえ、どんどん代えられていきます。

誰でなければということはほとんどありません。誰でも代わりがいる。取り換え可能です。結婚相談所でも同じです。「この人でなければ、その人」「その人でなければ、あの人」と紹介されるため、別の人がいくらでもいます。ある意味、無限にいる気がしてきて相手を決めきれなくなってしまいます。

しかし、子どもは選べません。そのように取り換えのきかないものが家族です。何かを生み出すわけではなく、生きている時間を共に過ごすという共同体なのです。だから、能力で査定しない唯一の場所は家族だと思います。たとえ子どもが口下手だからといって、コミュニケーション能力の項目に低い成績をつけることはありません。

社会では評価にさらされますが、家族は元来、評価とは無縁なものです。何をするというわけではなく、一緒に生活し、生活習慣で結ばれていて、いさかいをしながら野性をぶつけ合う。

そのように、家庭はむき出しの野性がぶつかり合う場所。外ではよそ行きの顔をしている人も、家に帰ればみんな野性がむき出しになります。

家族だけが持つ価値は、一緒にいるだけでいいということ。そして、お互いをさほど厳しく査定し合わないでそのまま受け入れる、取り換えのきかなさです。

人生はそうした家族が中核にあってはじめて成り立ちます。

親は子どもを無条件に愛します。「この子はこういう能力があるから好きだ」とか「この子は能力が足りないから好きじゃない」という親は、親としてはおかしい。むしろ、弱点を持っている子どもをかわいがったりするのが親心です。

親が子どもに苦労をさせたくない気持ちが裏目に出てしまうことはあります。結婚も苦労、出産も苦労なわけですが、苦労させたくないばかりに子どもを囲い込んでしまうのです。

仕事との関係や自己実現との関係でみると、若いうちに子どもをさっさと2～3人産んだ後に、30代、40代、50代とどんどん元気になっていく女性がいます。私は、そういう人はいいなと思います。たとえばダンスを習い、50代でもすごい格好で踊っている。その人たちの元気さには、満ち足りた活力を感じます。

The Happiness

家族は能力で査定しない唯一の場所。だからといって、子どもを囲い込まないように注意を。

Chapter 4

世界に散りばめられた幸福へのヒント

No.19
コントロール不能なことを考えすぎて迷わない

イギリスの哲学者・数学者で『幸福論』を著したラッセルの考え方は現実的なので、学生たちに彼の『幸福論』を読んでもらっています。すると「非常に参考になった」という声が続々と寄せられます。

ラッセルのいっていることはまともですし、しっかりしているのです。ひと昔前の本ですが、案外、いまの時代にも通用するような内容です。

「疲れをどうやって癒やすか」「ねたみをどう処理するか」「被害妄想のようなものをどうしたらいいか」などといったポイントについて、まともなことが書かれています。

そんなきちんとした本をゆっくり読むと、「幸福についてはだいたいこの線かな」

ということがつかめます。

一方、ニーチェ（ドイツの哲学者）の『ツァラトゥストラ』を読むと、ニーチェは元気があり過ぎるので、「どこまでも自分を乗り越え、孤独でも突き進んで行け」みたいな印象を受けますが、そこまでの理想にはなかなかついていけません。

みんながニーチェのように生きられるわけではないのです。だから、バランスを取る意味でラッセルの『幸福論』を学生たちに読んでもらったわけです。


心配は、よりよい人生観を持ち、精神的な訓練をもう少しやることで避けることができる。たいていの男女は、思考をコントロールする能力にひどく欠けている。（中略）心配ごとについて何も打つべき手がない場合にも、そのことをあれこれ考えるのをやめることができない

本当は休まなければならないのに、ベッドにまで心配事を持ち込んでしまっているということをいっています。

すべてのデータが集まり次第、その問題をよくよく考え抜いた上、決断を下すがよい。決断した以上は、何か新しい事実が出てきた場合を除いて、修正してはならない。優柔不断くらい心身を疲れさせるものはないし、これほど不毛なものもない

これはデカルト（フランスの哲学者・数学者）の『方法序説』に書かれているのとまったく同じやり方です。

最上の方法は、それについて、ものすごく集中的に――それこそ私に可能なかぎりの集中力をもって――数時間ないし数日間考え、その期間の終わりに、いわば、この仕事を地下で続けよ、と命令することである

頭の整理というのでしょうか、これは休息もそうですが、ある種、理性の力で、考えなくていいことは考えないようにするわけです。

イチロー選手は、あるシーズンにマウアーという選手と3割5分くらいの高さで打率を争っていました。

そのとき、マウアーのことが気になるかと聞かれて、「自分がコントロールできないことについては気にしない」と答えていました。

自分の力が及ばず、コントロールできないことは、考えてもしょうがないので考えないわけです。

この「コントロールできないことについては考えない」というのは非常にわかりやすい考え方です。

上司が自分を出世させてくれるか戦力外と見なすかは、ある程度は努力できても、最終的にはコントロール外です。だから、その結果については深く考えても仕方のないことです。

その割り切りによって、人を恨むことも、自分自身を疑うことも少なくなります。

結果というものは不思議で、原因に対して全然関係のない結果が生み出されることもあるのです。

自分のせいではないところで起こったある失敗の影響が、巡り巡って自分にマイナスを与えてしまうことはよくあります。

しかし、人生という長いスパンで見ると、プラス・マイナスはトントンになるのではないでしょうか。
そこで重要になるのが、自分のコントロールできないことについては悩まないこと。考えても仕方ないことをいかに考えないようにするかなのです。

The Happiness

自分の力が及ばないことを深く考えてもしょうがない。理性で「割り切る」ことが重要となる。

No. 20

外に関心を広げよう
世界は驚きに満ちている

ラッセルは、幸福の基本として、興味を幅広くすることを挙げています。

世の中を知らないために、ときには若いときだけ、往々にして一生涯、不必要な不幸のかずかずを耐え忍ぶことになる

とかく彼らの知っている環境のみが世の中全体を代表しているかのように考えやすい

若い人にはそういう狭さがあります。

新手の恐れが生じてきた。すなわち、新聞が何を書き立てるかもしれないという恐れだ

いろいろな人がいろいろな人に対してネガティブなことを書くという状況を、ラッセルはこの時代から予見していて、「恐ろしい」といっています。その恐ろしさはいま、現実化しています。

幸福の秘訣は、こういうことだ。あなたの興味をできるかぎり幅広くせよ。そして、あなたの興味を惹く人や物に対する反応を敵意あるものではなく、できるかぎり友好的なものにせよ

外に向けて関心を広げ、友好的な態度をとろうといっています。何か迷ったときにアンテナを広げてみたら、「これも結構、面白いな」などとなるのです。閉じていく傾向が危険だということです。

幼い子供たちは、見聞きするあらゆるものに興味を持っている。彼らにとっては、世界は驚異にみちみちている

「世界は驚異にみちみちている」。つまり「すごい、すご過ぎるよ」というような世界は非常に幸福感があります。

たとえばクラシック音楽の世界に目覚めたとしたら、「モーツァルトだけでも、一生かかっても聴き尽くせない」などといったことです。

絵画の世界でも、シャガールが好きになったとして、その絵をみたときに「すごい、よくこんな世界が描けたものだ」などというふうに感動する心があると、世界が驚異で満ちていた子ども時代の幸福なメンタルに戻ることができます。

実は、世界を驚きに満ちたものに捉え直すことは、練習によってできるようになります。私はその練習を学生たちにやってもらっていて、「すごい、すご過ぎるよ、〇〇」というふうにして毎週発表してもらっています。

すると、すでに知っていたことでも、あらためて「これって、本当にすごいんだ」と思い直すことができます。

だから、すべての学校の教科はこの「すごい、すご過ぎるよ、○○」でできているべきだと思います。その典型は理科です。光合成にしても、重力の法則にしても、すべての法則がすごいからです。

そのように、何もかもすごいものなんだという認識がないと、世の中がよどんでみえてしまいます。

ニーチェの『ツァラトゥストラ』には、「ラクダの時期にあって義務を背負い、獅子となって世の中の常識にノーと言って自分を自立させ、最後は子どものように無垢になっていくのだ」というような内容が書かれたページがあります。

「ラクダ」「獅子」「子ども」という順で最後に子どもがくるのは、世の中を喜びが満ちたものとして肯定するというイメージなのです。

まずは、義務を背負いながら、次に、自分自身の価値観を獅子として作り、子どものようにいろいろなものを肯定してこの世を遊んでいく。そうした意識を持つだけでも素晴らしいと思います。

仕事にも、義務をこなす時期と、自分自身のスタイルでやる時期と、遊びになるような時期という三段階の発展の仕方があるのではないでしょうか。『幸福論』には仕事に関する記述もあります。

仕事は、だから、何よりもまず、退屈の予防策として望ましいものだ

「何もすることがないときの退屈に比べると、面白くない仕事でも、まぁ、いいんじゃないの、あるだけで」といった感じでしょうか。また、仕事を面白くするポイントについても言及しています。

仕事をおもしろくする主な要素は、二つある。一つは技術を行使すること、もう一つは建設である

宇宙が与える喜びのようなスケールの大きな話もあります。

生命の流れと深く本能的に結合しているところに、最も大きな歓喜が見いだされるのである

そして「退屈」について次のように記しています。

多少とも単調な生活に耐える能力は、幼年時代に獲得されるべきものである
退屈に耐えられない世代は、小人物の世代となるにちがいない
人類の罪の少なくとも半分は、退屈を恐れることに起因している

現代は多くの人が常に刺激を求めており、まさに退屈に耐えられない小人物の時代に入ってきているといえます。だからこそ深く息を吸い、学ぶことの感動を忘れないようにすることが大切だと私は思います。

The Happiness

すでに知っていることでも「すごいポイント」をみつける訓練を積んで、世界は驚きに満ちていることを再認識しよう。

No.21

幸福には2つのベクトルがある

私は10代にラッセルやアランなど、いろいろな人の幸福論を読みました。

自分が不幸だと感じていたからではなく、「どうして人間は幸福になりたがるのか」「幸福はそんなにいいものなのか」といった疑問を持っていたからです。

当時は「社会に貢献したい」とか、「社会的な価値があることをやってみたい」という使命感を重んじていました。だから、幸・不幸にこだわるのは意義のあることではないと思っていたのです。

が、使命感だけで生きることには無理があります。感覚的に納得できたり、満足できたりすることも大事だと思っていました。この両者を統合したい気持ちもあって幸福論をたくさん読んでみたのです。

幸福論といっても多種多様ですが、まず「これだ」と思ったのは、次のような内容です。

いつも心に静かな港をもち、そこに帰れば安心できるという一種の宗教的な境地をつくるというもの。そうすれば、自分の外部で起こることにさほど左右されずに済みます。

仏教でいう悟りなどは、まさにそれでしょう。身体的な訓練を積むことで、静かな心の港をつくる。そうすれば、幸福感を保てるのではないかと思ったのです。

この幸福感の対極は、自分の内面ではなく外へ興味を向け、あまり自分というものにかかわらないことです。

内部に安心を求めず、外で活動し、いろいろなものと出合って刺激を受け、自分が変わっていく。そうして自分が変わっていく現象そのものを楽しむ。常に外界を向いているということです。

すると、内面的な問題は小さくなります。常に行動しているのでエネルギーが消費され、同時に発散という快感も得られます。

自分の心に港をつくろうとして外での出会いを怖れていると、エネルギーの滞留が起きてしまうものです。

そうではなく、運動したり、新しい人と出会ったり、新しい物事に興味を持ち行動することによって、心身が開けてくるという考え方です。

自分とは何か、才能はどのくらいあるのか、などと考えても、自分というものはなかなかわかりません。とかく自分にエネルギーをかけ過ぎる人は自己中心的になりがちです。

むしろ外の世界に目を向けて、楽しみを見つけ、小さなことでも喜びを得る。そんなふうに外界での出会いを増やしていけばいい。それがラッセルの幸福論の主旨だと思います。

私はそのように外に興味を向けることと、宗教的な修行などを通じ内面に揺らぐことのない何かをつくることは、二つに一つというよりも、時期に応じて両方のバランスをうまく取っていくのがいいのではないかと考えました。

たとえば、今は勉強に専念しなければならないとなったら、外界との交流を遮断し、集中できる状態をつくり、余計な情報を可能なかぎり耳に入れないようにするのです。

そして、そういう時期が済んだら、「今度は開放的に活動しよう」と、交互に実践する。

すると、内向き外向きへの、心の運動性が身に付きます。

この内にこもることと外に出ることの両方ができるようになったとき、車の運転を覚えたかのように気持ちが自由になりました。

The Happiness

幸福は自分の心の中にもあるし、外の世界にもある。どちらかだけにこだわらず、バランスを取っていくことが大事。

No.22
幸福であるための最低条件とは？

経済用語に「ファンダメンタルズ（経済の基礎的条件）」という言葉があります。

これは、国や企業などの経済状態などを表す指標のことで、国であれば経済成長率、物価上昇率、財政収支などが、これにあたります。

幸福にも同じように、ファンダメンタルズがあります。

そして基礎がひととおりそろった時点で、今度は別の次元の幸福を考えるようになるものです。

たとえば、昭和15年頃は戦争中ですから、幸福だとか不幸だとかを考える暇もありませんでした。

国全体が怒濤にのみ込まれたような状態で、不幸と思う余裕すらもなかったのです。
現在から振り返れば、戦争中ほど不幸な状態はなく、すべての基礎を失っている状態です。

いまならイスラム過激派に支配されているようなものです。彼らに学校が襲撃されるといった危機にさらされている場合、幸福を追求する基盤はありません。

このように、社会全体の安定と個人の幸福は切り離して考えることができません。

そういう意味からも、松下幸之助さん（パナソニックの創業者）の幸福感は筋が通っていたと思います。松下幸之助さんが提唱した「ＰＨＰ」の趣旨は平和（Ｐｅａｃｅ）と幸福（Ｈａｐｐｉｎｅｓｓ）を、繁栄（Ｐｒｏｓｐｅｒｉｔｙ）を通して実現することです。

戦争をくぐり抜けてきた人には、平和は絶対的に幸福の基礎になるものです。

「ナショナル」というブランド名には、「国民的な幸福を増やそう。国民の生活水準を上げよう」という思いが表れています。どんな状況でも個人が幸福になれるかというと、そうとはかぎらないのですから。

確かに、１人でいても悟りが得られれば、心の平静はそれなりに獲得できるでしょう。

しかし、多くの人の心を形成する基礎的な部分は、社会的に構築されているものです。

その意味では、みんなが繁栄を享受している社会こそ、基本的に幸福度が高いと考えられるわけです。

「すべての人に教育を」と訴えているパキスタン出身の女性マララ・ユスフザイさんが2014年にノーベル平和賞を受賞し、同時に、「児童労働から子どもを救おう」と唱えるインドの活動家カイラシュ・サティーアーティさんも受賞しました。

子どもを児童労働から救い出すことは大きな課題です。しかし、その一方で、子どもが働かないと食べていけない家族もいるわけです。

そう考えると、社会全体に繁栄をもたらさなければ、たとえ子どもを労働から引き離しても、家族全体が幸福になれるとはかぎらないわけです。

黒柳徹子さんの『トットちゃんとトットちゃんたち』という本の中に、エイズにかかる危険もあるアフリカの少女が登場します。

少女は「自分が売春をしてエイズになったとしても、しばらくは生きられるけれど、私が今日お金を稼がなければ、家族は明日さえも生きられない」などと話したと書かれています。

そんな中でも家族同士で心温まる交流を持つことはできますが、社会の基礎的な部分があまりにも放置されていると、そんなささやかな幸福には限界があります。

The Happiness

社会の安定が個人の幸福の最低条件。繁栄を享受している人が多い社会は基本的に幸福度が高い。

No. **23**

現実感覚を失う悲劇
共感によって不幸感は減らせる

20代の頃の私は理想を追求して研究生活に入っており、フロイトのように新しい思想を打ち立てようという試行錯誤の日々を過ごしていました。

当然ですが、収入がありませんでした。すると、自分が本当に好きなことをやり続けているにもかかわらず、幸福だとは思えなかったのです。

それればかりか、世の中に対する恨みのような感情も持つようになりました。それは世の中が悪いからではなく、自分が世の中の仕組みに合わせていないから、そういうことが起きるだけです。でも、そんな状態では、不全感を持ってしまう。

それを象徴しているのが、ドストエフスキーの『罪と罰』の主人公ラスコーリニコフという青年です。

彼は「自分は学歴があり、才能もあるはずだ。でも、世の中が自分を認めない。だから仕事に就けない。いまさら普通の仕事などやっていられない。自分はもっと英雄的な仕事がしたい」という思いに駆られます。

揚げ句の果てに、自分は大きな目的のためなら何をしても許されると思い込む。それは仕事がなく、穴蔵のようなところに住んで、ずっと考え事ばかりしているからです。

引きこもっていると、世の中全体に適応するための修正作業が省かれてしまい、一発逆転劇で一気に英雄になりたいという極端な思考に陥ってしまう。そこには現実感覚がまったくないのです。

そして彼は殺人を犯し、ソーニャという女性に告白します。すると、彼女は「あなたは何て不幸なの。私が十字架を一緒に背負います。どこまでも一緒に行きましょうね」とラスコーリニコフを支え、2人はシベリアに向かいます。

そんなふうに一緒に歩いてくれる人がいれば、自分がどのように不幸だったのか、後にわかるものです。しかし、不幸の真っただ中にいるときは激しい感情にのみ込まれていて、自分自身がどうなのかを客観視できません。

つまり、現実に照らして自己評価ができず、都合のいい「ワールド」を作ってしまっているわけです。

ちなみに、このソーニャは家族を支えるために売春をしている女性です。信仰心はとても強いのですが、生活は苦しく、彼女が稼いできたお金は父親が酒を飲むために使ってしまう。

そんなソーニャとラスコーリニコフの2人は、不幸な状況を共有しつつ、共感によって1人では得られなかった救いを得ます。

このように1人で完結しようにも無理がある場合、もう1人が加わって思いを共有すると、不幸感が減っていく、ということがあります。

そう考えると、幸福は1人で達成できる場合もあれば、誰かと共にいることによって達成できる場合があるといえるでしょう。

The Happiness

不幸のときには自分を客観視できないもの。その不幸を他者と共有し、共感できると不幸感は減っていく。人は共感によって救われる。

No.24

仏陀の教えに従う弟子たちも仲間を作って生活した

仏陀の最大のメッセージは「犀の角のようにただ独り歩め」というものです。家族にさえ執着してはならない、独りで歩めばそれだけ煩わしさから解放されるのだと。

何かに愛情を持つことは一見いいことのように思えますが、執着を持てば、自分を苦しめる煩悩になります。

独り自足すれば、誰にも頼る必要がなくなります。

独りでも、ある程度、安定感や幸福感が得られるのなら、それはそれで1つの境地でしょう。

しかし、仏陀の弟子で、自足する悟りの境地を求める人たちでさえ、ある種の集団を作って移動していました。

孔子の集団も同じです。彼らは自分自身を磨く修行中であっても、その思いを共有する人と対話したり、一緒に生活したり、教えを受けたりしました。

そうすることで、あらためて幸福感が得られるわけです。

むしろ、達磨のように洞窟にこもり、壁を前に独り修行することが果たして幸福なのかというと、ちょっと違う感じがあります。

ですから、独りの境地に至るといっても、誰かと思いを分かち合えば、その瞬間に心がほどけて幸福感に満たされる。

それが幸福感の1つの特徴ではないかと思います。

The Happiness

どんなに煩わしくても、他人と一緒にいることでしか得られない幸福がある。仏陀の弟子も孔子の集団も、その修行中には「独り」ではなかった。

No. 25

涙のロッカールームには幸福感があふれている

若い人たちに「どんなときに幸福を感じるか」と尋ねることがあります。

「自分の望んでいることがうまくできたとき」

「自己実現を目指し、そのプロセスをがんばっているとき」

という答えがよく返ってきます。

しかし、それ以上に多くの人が口にするのが、

「チームで何かをしたとき」

という答えです。

たとえばスポーツの団体戦などで勝ち、あるいは負けて、みんなで泣いたとき。

高校サッカーの涙のロッカールームのような場面を思い浮かべてください。みんな大泣きしていますが、負けた時点でさえも、実は幸福を感じています。

それは、みんなで同じ感情を分かち合っているからです。

いい意味で個というものにこだわらなくてもよく、全員の感情が1つの海のように波打っている瞬間。それこそが、幸福感を感じられる状態なのです。

人は誰でも心は自分の内部にあると思っていますが、実は心は水のように、湖が川でつながっているのと似ているのではないでしょうか。

だから、水が通い合うように、チームのメンバー同士の心が通い合った瞬間、それが心のいい状態――つまり、同じ感情が流れて、分かち合っている状態になり、幸福感につながっているのです。

The Happiness

チームでは、メンバー全員の感情が1つになったときに幸福感を得られる。それは勝敗に左右されない。

No.26
3つの脳内物質のバランスが長期的な幸福感につながる

人は手をつなぐと、オキシトシンという脳内物質が出て、安心感をもたらすことが脳の研究で明らかになりつつあります。

たとえば、母親が手を握っていると、子どもは力を出しやすいそうです。確かに、子ども時代にお母さんやお父さんに手を握っていてもらうと安心したり、怖いときに誰かに一緒にトイレに行ってもらうと安心したりします。

大人になってもそれがずっと続く傾向にあります。

独りで生きていく不安感に耐えられず、誰かに手を握っていてもらいたい、背中を押してもらいたい、支えてもらいたい、温まりたいなどという気持ちが、どこかにあります。

生物としての人間の長い歴史の中にある習性なので、脳もまた、温かな接触により安心物質を生じやすくなるのでしょう。

そう考えると、幸福感のかなりの部分を脳内物質で説明できます。

まず、ドーパミン系の興奮快楽物質はパーッと華やかに興奮して楽しさをもたらします。

一方、セロトニン系は精神を安定させます。これはウオーキングなどのリズミカルな運動やゆったりとした呼吸などによってよく働くものです。

もう1つ、ノルアドレナリン系という、どちらかというと不快な物質もあります。「怒りのホルモン」「ストレスホルモン」とも呼ばれています。脳内物質の大部分はこの3種類でできているそうです。

嫌なことが起きたときはノルアドレナリン系の物質が、ホッとしたときや落ち着いたときはセロトニン系の物質が、興奮しているときはドーパミン系の物質が、それぞれ脳から出ているのです。

この3種類が「感情三原色」といった感じで混ぜ合わされて普段の精神状態ができているのです。

ノルアドレナリン系の不快な物質が強くなり過ぎると不快感が強まりますし、ドーパミン系の興奮が続くと、ギャンブル依存症のように、興奮していないと虚しさを感じるようになってしまいます。

常にそうした状態を求めるようになると、お金もないのにギャンブルがやめられなくなります。脳はそういう快楽の経路をひとたび覚えてしまうと、やめるのは難しい構造になっているのです。

これは薬物依存とも共通します。ものすごい幸福感、高揚感、全能感に満たされますが、それは人間が神になるような感じなので無理があります。

全能感に満たされて興奮している状態を続けることは誰もできないし、そもそもその全能感は非現実的です。

しかし、脳内の気持ち良さを味わいたいために、同じことを繰り返してしまうのです。こうしたアディクション（嗜癖《しへき》）がひどくなると、依存症になるのです。

こう考えると、快楽だけを追求するのは、もしかしたら人間にとっては良くないことなのかもしれません。

時にはノルアドレナリン系の苦痛や不快な物質も取り混ぜていくほうが、生活は落ち着いた色合いになっていいとさえ思えます。

仕事はたいてい不快なものを含んでいます。本当に気持ちのいいことだけで成り立っている仕事をしている人もいるとは思いますが、どんな仕事でも「ちょっと面倒だな」とか、「会社に行くのが面倒くさい」など、不快なことがあるはずです。

その中でバランスを取りながら仕事をしていると、やりがいを感じたり、たまにすごくうまくいったときに高揚感が得られたり、あるいはルーティンワークのように、一見退屈に見える作業の繰り返しの中でセロトニン系の安定感を得たりすることもあると思います。

だからこそ、食事にも苦味が必要なように、適度に不快なものも取り入れることが必要なのです。いろいろ混ぜ合わせてバランスを取ることがタフな心を作り、長期的には幸福感につながっていきます。

The Happiness

ドーパミン系、セロトニン系、ノルアドレナリン系という3つの脳内物質は、どれか1つに偏っても幸福感は得られない。バランスを重視すること。

No. 27

快感原則から現実原則へ目覚める

「快感原則」に従って、自分の好きなことだけをしたり、自分の好きなものだけを集めたりした人は、社会に出るときに大きな抵抗感を感じてしまいます。

すると、会社が合わないからと、うつ気味になったり、医師から診断書をもらって「休職したい」「辞めたい」などと主張したりするのです。

そういう人が増えると社会は支えきれませんし、その人自身も働いていない状態が続き、ますます社会に適応できなくなります。

そして、それを正当化するようになると、普通に仕事をすること自体が難しくなります。

そうではなく、20代のうちに退屈や不快なことにある程度耐えるといった修行期間を持てば、その後は「あの時期よりましかな」と思えるようにもなります。

しかし、そんな「修行」が持つ効果は、現代ではあまり注目されません。むしろ世の中に快適さが増しているので、快感原則だけで生き切れてしまうようなところがあるのです。

この快感原則とはフロイトの言葉です。平たくいえば、「好きなことをやりたい。気持ちいいことをしたい。嫌なことはしたくない」ということです。

これは赤ちゃんや子どもだったら当たり前のこと。暑過ぎても泣くし、寒過ぎても泣く。おなかがすいても泣きます。

そうした快感原則にのっとって生きていくのは自然なことではありますが、それだけだと、自分をうまくコントロールできなくなってしまうでしょう。

自分の欲望だけが優先されることによって、社会と折り合いがつきにくくなるというデメリットが生じるのです。

大人になるということは「現実原則」に目覚めていくことです。「現実はこうなのだから、それに適応していこう」というわけです。

つまり、快感原則から現実原則への移行こそ、人間が成熟するということ。フロイトはごくまともなことを主張しているのです。

そんなふうに変わること自体はさほど難しくありません。大人はだいたい嫌でも会社に出かけますし、子どもの面倒も見ます。

自分がもっと遊びたいから、子どもを家に閉じ込めて遊びに行き、子どもを死に至らしめた母親がいるとしましょう。

それは自分が「外で遊びたい」という快感原則を優先させたという点で、誰が見ても許されることではありません。

The Happiness

自分の欲望が優先されてしまうと、社会と折り合いがつきにくくなってしまう。現実を知り、それに適応していくことが大事。

No. 28

モラトリアムから離脱して大人になる訓練を積む

世の中にはあえて結婚しないで自分の好きなことだけをしている人もいます。その生活を自分の収入で賄っているなら、問題ではないともいえます。

そうやって現実の中での不快感に出合わずに生きていくことも可能です。現在の日本は、そんな豊かさを築き上げているのかもしれません。

そのため、「ここを境に大人になるのだ」という踏ん切りのタイミングを見失っている人が多くいるように感じます。

アメリカの心理学者で精神分析家のエリクソンが主張した「モラトリアム」、つまり執行猶予期間が延びてしまっているからです。

ここでいう「執行猶予」とは、刑を待つ期間ではなく、結婚や出産、就職など面倒や責任を抱え込むまでの期間のことです。モラトリアムは、文明が進むにつれてだんだん遅くなる傾向にあります。

フランスの歴史学者アリエスは『〈子供〉の誕生』という著書の中で、「昔は子どもという概念があまりなく、大人の小さい版と捉えられていた」ということを述べています。人間社会の基本は大人であるため、早く大人になる必要があったのです。

かつては元服（男子が成人になったことを祝う儀式。年齢は11〜17歳が一般的）も早かったのですが、その意味では「一人前の大人に早くなってくれ」という社会の要請があったわけです。

それが失われると、あえてはっきり大人にならなくても済んでしまいます。ただし、そちらの路線を20代で選んでしまった人は大変です。

同じ20代でも、大学を出て新卒で就職した人との違いが年々はっきりしてしまうのです。

会社で働けば、訓練されて社会人らしさのようなものが身に付きます。そのため、一人前の社会人が30歳になったときと、そうした訓練を積まずに30歳になった人では、雰囲気がまったく異なります。
それだけに、自己中心的な世界から脱し、世の中のルールに合わせる訓練をどこかで積むことが、長期的に見ると幸福につながっていくのではないかと思います。

The Happiness

あえて大人にならなくても生きられる時代。だが、社会の洗礼を受けたものとそうでないものでは、あとで得られる幸福感が異なる。

Chapter 5

幸福へ続く道にある落とし穴

No. 29

いまいる世界から抜け出したいという思いだけで行動する危険

私は、次のような人がちょっと心配になります。

社会のせいにして会社を早々に辞めてしまい、「こういう社会はおかしいのだ」という主張のもとに働かなくなる人です。

つべこべ言わず、さっさと働けといいたくもなりますが、一度そういう甘さの中に身を置いてしまうと、なかなかコントロールできなくなります。

無職の生活を20代で続けてしまうと、30歳以降になっても、身に付いたものの考え方を変えるのはなかなか難しいのです。それは、危険なことのように思います。

そんな生活が本当に許されるのは、たとえばボヘミアンのように放浪しながら芸術家としての人生を生きるなどといった場合でしょう。なぜなら、積極的に選び取った人生だからです。

放浪への憧れは、決まりきった日常を過ごしている人なら、ふと抱くものです。

私の知人は会社に毎日通ううち、年に何度か突然、まったく違う方向の電車に乗ってしまいたい衝動に駆られ、たまにやってしまうそうです。

「いまの自分ではない自分がいるのではないか」とか、「決まりきった生活に閉じ込められているような気分から解放されたい」という憧れです。

その象徴的な存在が俳人の種田山頭火です。

山頭火は、「まっすぐな道でさみしい」とか、「どうしようもない私が歩いている」などと詠みながら、放浪しつづけました。お酒を飲んではゴロリと寝て、また旅をして俳句を読む。そんな山頭火に憧れる人は少なからずいるものです。

『勝手に生きろ！』という著書のある、アメリカの作家で詩人のブコウスキーも、パンクな生き方をした人です。

郵便局勤務の、ルーティンに耐えられなくなってしまい、放浪の旅に出ます。詩を作ったりお酒を飲んだりする一方で、仕方なく働いてみたりという生活を繰り返しましたが、それはそれで一般の人が憧れる生き方だと思います。

そういう生き方は昭和のころにもありました。映画の『男はつらいよ』シリーズです。お正月映画として大ヒットしたこともあるこの作品は、新作が年に二回、上映された時期もあるほどです。

このシリーズの特徴は主人公である寅さんが、人情味あふれる商店街で人々が真面目に働いている日常の世界から放浪し、たまに戻ってくるという点です。

1カ所にはいられずに、つい放浪してしまうわけですが、寅さんにはさくらという妹がいて、戻ってくると、「お帰り、おにいちゃん」と温かく迎えてくれます。

しかし、仮に戻るところがなかったら、放浪は結構きついものになるでしょう。

寅さんのように、私たち――特に男性――には、いまいる世界から抜け出して、もっと違う自由を得てみたいという気持ちがどこかにあるものです。

The Happiness

日常の世界から放浪し、その甘さの中に身を置いてしまうと元の世界に戻るのが難しくなる。芸術家を志すなら許される生き方。

No.30

ボヘミアンとして生きるには他者に依存しない強さが必要になる

芸術家ならば、社会常識とは少し違った美の世界や真の世界を求めて生きるので、精神的に強い人は一生をボヘミアンとして生き切れると思います。

イギリスの作家サマセット・モームの名作『月と六ペンス』の主人公であるストリックランドは、フランスの画家ポール・ゴーギャンがモデルともいわれています。

株の仲買人である彼は、一見、比較的平凡なイギリス人ですが、突然、家庭を捨ててパリへ行き、絵の修業を始めます。次にはタヒチへ行き、現地の女性と暮らしながら絵を描き、客死する。まさにゴーギャンの生き方と重なります。

ストリックランドは、一般的な幸福はすべて捨て、自分のやりたいことだけをやるようになる。それ以降、妻のことは考えません。

実際のゴーギャンはどうかわかりませんが、『月と六ペンス』のストリックランドは、そういうことを考える神経を持ち合わせていない人として描かれています。

そして、自分の人生を生き切るのだということで、自分が描く絵についてほかの人の評価を必要としません。そういう絶対評価で生きている点がこの人の強さです。

最後には壁画のようなものを描き、それを完璧だと自認し、家人に「燃やせ」と命じます。燃やしてしまったら、自分の存在証明はなくなるはずなのに、描き切った以上、燃えてなくなっても満足なのです。

それは他者に依存していない自立した価値評価による強い生き方です。

実際に放浪はしなくとも、自分の中に「絶対的な価値観」を持つことで強くなります。

The Happiness

ボヘミアンは他人からの評価は気にしない絶対的な価値観を持つ人。自立した価値観を持つことで強くなる。

No.31

物質的な欲求が満たされわかりやすい幸福感を失った時代

現代の日本においては、多くの物質的欲求は満たされています。だから、新たな物がほしいという欲求は少なく、若い人たちに「クルマがほしいか」と聞いても「別にいらない」と答えます。

うらやましい気持ち自体が疲れるものだから、無理して「いらない」といっているわけではないのです。

つまり、本当に必要ないと思っているわけです。

ものすごく高価なオーディオ機器がほしいかというと、その願望もなく、音楽はiPhoneで聴いていればいいのです。

このように、「物」としてほしいものはあまりなく、ひととおり満たされている。よくいえば、若者たちは物質的な幸福感から解放されているのです。

物質的な幸福感は比較的わかりやすいものです。

「どうしてもこの服がほしい」と思ってアルバイトをし、買って喜んでいる人とか、学生なのに無理してクルマを買って、駐車場代など維持費を捻出するのに汲々としている人が私の学生時代の友人にはいました。

クルマでドライブしながら音楽を聞くことが、80年代前半の若者には大きな幸福感をもたらしたのです。

物質的なものに幸福感を求めた頃は、ある意味、欲望はシンプルでした。

10代後半から20代前半の男子が読む雑誌は、記事の内容がクルマや服や時計など、ストレートにそのものを表していました。

物質による満たされ感はわかりやすく、追求もしやすかったわけですが、いまはそれがありません。

その結果、求めるものが人とのつながりやコミュニケーションなどの方向へと、針が大幅に振れたように思えます。ハードウェア、ソフトウェアともにそういうツールが増えたこともあります。

有形の物質への興味を失うことは、長く続いたデフレによって、一層促進したようです。

たとえばおいしいものが比較的安く食べられます。牛丼など300～400円なので、「なら、それでいいじゃん」ということになる。服も、まあまあのセンスのものが安く手に入り、家具などもとても安い。

しかも、親と同居すれば、日常的なお金はさほどかからずに生活できます。安めのものでひととおり満たされてしまうわけです。

ビートたけしさんは「それはよくない。やっぱり一流のものが欲しいと思って頑張らないと」といっています。そんなふうに上を目指して頑張る気持ちをデフレが下げてしまったのです。

現在は社会全体にモチベーション自体が上がらなくなり、「別に無理しなくていいんじゃないか」と多くの人が考えるようになりました。意欲の低下は、経済水準よりも、より根深い問題です。

その要因には、バブル時代の虚構の繁栄みたいなものに酔っていた反動もあるでしょう。

人類は長らく物質的に満たされることも幸福の大きな条件でしたから、前の時代よりいい暮らしができるということで、明治、大正、昭和へとモチベーションは上がってきました。

昭和20～30年代などはみんなが貧しいため不公平感が少なく、今日より明日のほうがいい暮らしが待っていると、誰もがシンプルに信じていました。

その意味で昭和20～30年代は、上向きの心のベクトルがあり、その分、幸福感が強かったかもしれません。

もちろん、社会全体をみると、いまのほうが幸福な社会だと思いますが、向上を続けている面白さのようなものが少し欠けているとも感じます。

スポーツや楽器を始めた人は、前よりうまくなっているのを感じたときは、幸福感に満たされます。

そういう変化がなくて、ベタなぎの状態――つまり、このまま安い料理を食べて安い服を着て、それでいいじゃないかという「なぎ感」が、バブル以降の20年は特に強くなってしまったのです。その空気の中で生きてきた若者たちに火をつけるのが現在の私の大きな仕事になってきています。

みんな落ち着いたいい子たちで、あまり欲がなく、真面目で人のいうこともよく聞きますが、元気な過剰エネルギーの出る人が少なくなっているのです。

社会全体として、規制が厳しくなり、過剰さが出しにくい面があります。もちろん、国力がこれだけ高くなっていますので、若い世代でも才能のある人は、能力を発揮できる環境が整っているといえるでしょう。

サッカーでも野球でも世界に出たい俊英は、海外のトップリーグへ挑戦しています。普通の若者たちもうまくスイッチが入れば、才能を発揮すると実感しています。

The Happiness

物質的なものから得られるわかりやすい幸福感より、人とのつながりやコミュニケーションに幸福感を求める時代へと変化した。

No.32

行き過ぎたSNSはいますべきことを見失わせる

最近の学生は承認欲求が強いあまりに、多くの人とLINEやフェイスブックなどでつながって、「いいね」をクリックしてもらわないと、毎日が生きられないようです。

何かを食べた↓「いいね」、何かをした↓「いいね」というふうに評価されると、その日の自分が肯定され、承認されたということになります。

それを数人の仲間からではなく、もっと多くの人間からやってほしいと思っているので、欲が深いといえば欲が深い。それほど深く付き合っていない人間からも、称賛あるいは承認を受けたがる。

いまの若者たちは、物質的な欲求は少ないのですが、承認欲求に関しては貪欲なのです。人間関係の中でそこまで自分の存在基盤を求めようとしている点には不安定さすら覚えます。

それほどまでに人間関係や仲間との絆が大事という背景には、孤独になることへの行き過ぎた恐怖心があると思います。

たとえ1人きりになっても、青春時代にはありうる事態だと思っていれば、そんなに毎日、SNSに写真をアップしなくてもいいわけです。

しかし、その行動は止まりません。誰かからLINEでメッセージが届いたら「すぐ返信しなくちゃ」ということになり、いくつかのグループに所属していると、みんながそれで忙しい。

私はそんな若者について、生き残るために狭い水槽の水面でパクパクしている金魚のような息の浅さを感じます。自分の人生をもっとゆったりとした時間の中で生きればいいのに、酸欠になっているような感じです。

「承認」という酸素をほしがって、常に水面に顔を出しているような状態。深海魚のように自分自身を深みで育てているというわけではないのです。

スマホなどによるSNS的な友人関係の拡大に伴い、日常的なコミュニケーションの増大が進んでいます。寝る直前まで友だちと交流して、個の時間が持ちにくい。

そんなコミュニケーション過剰症候群状態がどんどん進んでしまった結果、電車の中で本を読む人が激減し、いまは1車両に1人いればいいくらいの感じです。

それにより、深さの次元が足りなくなり、自分と同次元の人たちと絶え間なくおしゃべりしている。

おしゃべりが本来的な生き方を見失わせるということは、ドイツの哲学者ハイデガーが『存在と時間』の中で「頽落様式《たいらく》」といった言葉で指摘しています。

人間の生き方には「本来的な生き方」と「非本来的な生き方」があります。

本来的な生き方とは「やがて自分は死を迎えるが、その死はいつ訪れるかわからないのだから、いま、何をするべきかを真剣に考えて生きる」というものです。

一方、非本来的な生き方とはとりあえず死については忘れ、あたかも死がないかのように生きて、まわりの人間とおしゃべりをして過ごすというようなものです。

おしゃべりは人の心をリラックスさせるもので、幸福の1つの条件だと思います。

しかし、現在はそれが行き過ぎて、のべつまくなしになって睡眠時間さえ浸食している。それが小中高生にまで広がっていて、落ち着いて考えたり勉強したりできない状態なのです。

それもあってか、現代日本の中学生の勉強時間は、国際的な比較では圧倒的に少なくなっています。日本人は勉強時間がとても少ない国民になっているのです。

そうしたSNSに費やすコミュニケーションの時間があまりにも膨大になっている中での幸福感は、どうしても精神的に浅くなっていきます。それは人類が求めてきた幸福の形なのかというと、何かが違います。

私にはあまり努力をしない、器の小さな人たちが承認し合っている状況にみえなくもないのです。

ゆとり教育が若者を駄目にしたとも思っていないのですが、幸福について考えたとき、ある種の深さの次元がない幸福は果たしてどうなのだろうかと疑問に思うわけです。

The Happiness

行き過ぎたSNSは、精神的な次元を浅くする。本来的な生き方を見失い、コミュニケーション過剰症候群となってしまう。

No. 33

自分を承認してもらいたいその欲求が招く危険

私が比較的最近、若い人たちと付き合っていて感じるのは、人生は承認欲求との戦いなのだということです。

光と影があるように、不全感を抱えた人が承認されて居場所が与えられると、それがどんなに危険な場所でも、そこに居ついてしまうことがあります。

典型の1つがオウム真理教です。

若者の承認されたい欲求を満たすように、「君はありのままでいいんだよ」と勧誘するセミナー系商法は後を絶ちません。

大学にも浸食してきているという現実があります。

しかし、オウム真理教の例を出して、「そういうものに引っかかるな」と注意しても、あの事件自体、もう若い人たちにはリアルではないのです。

似たようなセミナー系でも、自分がやっているのは、ボランティアで、世の中を良くすることだと思っている節さえある。

セミナー系の商法はボランティア精神につけ込み、それをやがて一部の人の利益につなげていく商法です。

そういうものに引っかかりやすい若者はいつの時代にもいますが、これほど情報が発達しても、教訓が生かされていません。

なぜ、簡単に信じてしまうのか。

それは居場所や評価がほしいので、承認してくれる人に弱く、すぐに心を許してしまうからです。

「ここにいていいんだよ」と自己実現の場所を与えられ、それが普通に働くことでなくても、そこでひととおりの評価をもらうと、そこが居ごこちのいい拠点になってしまうのです。

承認欲求は、たとえば学園祭で何かの役割を果たすことなどで満たされればいいのですが、その欲求不満が20歳を超えても続いてしまう例が見受けられます。

現実感覚の希薄な人がそういうものに一度はまり込んでしまうと、手遅れになりがちです。

現実を教えることが難しくなってしまって、悪い意味で精神が変容してしまうからです。

The Happiness

若い人を取り込むセミナー系商法は居ごこちのいい場所を与え、承認欲求を満たそうとしてくる。現実感覚が希薄な人は一度その場所にはまると危険。

No. 34

このままでいいという「精神のデフレ感覚」が落とし穴

「ありのままで」という言葉がはやりましたが、若い人が「このままでいい」と思うこと自体、かつては違和感がありました。

「自分は駄目だ」とか、「自分をもっと磨かなきゃ」と考え、生きている現在を修行の時期と捉える。

修行とは現在の自分を否定したうえで成り立つ運動性です。いまのままの自分では駄目だから、訓練をすることによってそれまでの悪い癖を直し、より高度なレベルに焼き直す。

刀づくりにたとえると、鉄を一回溶かして鍛え直すようなものです。だから、「鍛錬」という言葉の漢字には金偏がついているのです。

「鍛錬」とは、一度溶かして、何度も何度もたたいて鍛えていくこと。修行もそれと同じです。

そういう修行の感覚と、「ありのままでいい」というのは方向性が違います。

最近は何の努力もしなくても、ありのままの自分を受け入れてくれる場所を見つけようとしている人が多い。

すべての若い人が上を目指していないわけではありませんが、いまは安心してしまうのが比較的早いという傾向があります。

私は大学で教員養成を担当しています。教師になってからも向上していくには、授業をより良く行なうための研究会などへの参加が望まれます。

昭和の頃は研究会活動が全国的に盛んで、手弁当で参加したものです。昭和を代表する教育者の斎藤喜博さんの実践などは多くの教師が見学しました。

現在はそういう研究会に所属する人も少なくなり、まあまあの水準ならそれでいいというふうに落ち着くのが早い印象を受けます。

この傾向はビジネスパーソンも同じで、上司が自分の経験したことを伝えようとして飲み会に誘っても、若者たちは軽くいなしてしまいます。

「このくらいで十分」という「精神のデフレ感覚」は、危険な落とし穴です。

何かにチャレンジして乗り越え、たとえ失敗しても再度チャレンジして乗り越える。時には厳しい評価にさらされて痛い目に遭い、その評価に反発して努力を重ねる……という当たり前の成長サイクルに入ることが大切です。

The Happiness

厳しい評価にさらされたり、失敗があっても、再度チャレンジを重ねていく。このくらいで十分という感覚が試練を乗り越える力を弱める。

No. 35

個性や人間性だけで評価する社会は果たしてフェアか⁉

テニスの錦織圭選手のように世界ランキングが順位やポイントで示される世界では、自分を評価にさらしながら鍛えています。

評価の目に自分をさらすこと。

これが、かつては1つのイニシエーション（通過儀礼）だったと思います。世界中の民族には民族ごとに固有の「大人になるための儀式」があります。それが通過儀礼です。

バンジージャンプをしたり、火の上を歩いたりする民族もありますが、そうした厳しさを乗り越えることによって大人になるのです。

同様に、1つ1つ厳しい評価にさらされ駄目だとはねつけられたら、また努力しなければならない。

日本でも軽いイニシエーションをたくさん積み重ねて大人になっていくのが、これまでの学校教育や入試システムでした。

ところが、今後は入試で個性や人間性を重視していく方向性になっています。将来的にセンター試験を廃止することもそれと同じ延長線上にあるわけです。

問題解決能力のほか、自分で調べて判断し、意見を持つといった能力が新しい学力として必要だといわれれば、それはもっともです。

しかし、だからといって、「ヨーイ、ドン！」の公平な試験をなくしてしまうと、もしかしたら情報格差のような事態が生じて、ルートを知っている人間が得をするなどといった、不正な情報力が正義を決めてしまうことも起こりかねません。

大学で教えていると、「個性や人間性で評価していいのだろうか」という思いを抱きます。

個性を評価すること自体が難しいからです。それに、そもそも個性で評価することが教育者として本当に正しいことなのでしょうか。そうではないだろうという気もするのです。

何か学ぶべきテーマがあって、その達成度によって評価することはできます。しかし、その人がもともと持っている気質に基づいた個性を評価するのは難しい。やる気の有無で評価することも、正直いって当てになりません。「やる気があります」と面接で表現する人がうまい人と下手な人がいるからです。

会社にとって人材の採用は死活問題ですが、そんな会社でさえも、採用すべき人を間違えてしまうこともあります。

「なんで、あんなの採っちゃったんだろうな……」「いやぁ、面接のときは良かったんですよ」などという展開になるのは珍しいことではありません。

そんなふうに、プレゼン力は高いけれど、実際に仕事をさせてみたらそうでもない人はいて、口下手な人間は損をするのです。

The Happiness

個性は、もともとの気質に基づくもの。通常の試験のように努力を積み重ねた結果を評価する試練が、今後も必要。

No.36 成功する人間に共通項はない 問題解決力だけが評価される

科学的に偉大な発見をする人も個性はいろいろで、穏やかな人もいれば激しい人もいます。それは自然科学系のノーベル賞の受賞者をみればわかります。それぞれに人間性があるのです。

オーストリアの経営学者ピーター・ドラッカーは『経営者の条件』という著書で、「成功した経営者をたくさん調べたけれど、気質や個性などで共通する点はほぼ何もなかった」ということを記しています。

つまり、「このタイプの人間だから成功する」とは断言できない。「共通しているのは成功したという事実だけなのだ」と。

ドラッカーにそういわれてしまうと、個性や人間性を評価することには問題があると考えるほかありません。

努力のしようがない生まれつきの気質が、オープンで、他人と話すのが上手で、やる気が表に出やすいというタイプの人もいます。

そういう人間性ばかりが評価されるのであれば、そうでない人は自分とは別の人格を演じるほかなくなります。

それは不自由な社会ではないかと思います。

新しい学力として求められる問題解決力のような能力は、個性や人間性とは別に、問題解決力そのものを問う問題が作れれば、評価できると思います。

そうした能力を訓練した人は、それなりの判断力を身に付けているでしょう。それは努力のたまものですから、その点を評価することはできると思います。

教育において評価は非常に重要ですが、筆記試験で評価できない点に関して面接で決めるのは難しいのです。

教育自体、学問を通して人間を陶冶《とうや》していくことが目的なので、その意味ではある種のタイプだけが評価されることには違和感を覚えます。

日本の演劇界を代表する人物である蜷川幸雄さんが新聞か何かのインタビューでこう答えていました。
「少年時代は明るく外で元気に遊ぶタイプが評価される。しかし、私はそうではなかったので、その評価はとても嫌だった」と。

The Happiness

偉大な科学者も成功した経営者も個性はいろいろ。特定の個性や人間性が評価される社会は不自由なものとなる。

Chapter 6

個人と社会が幸福をつかむために

No. 37

人類を超えた存在への畏れが自分を律する手助けとなる

不思議と人類は早い時期から自分たちを超えた存在に対する関心が強かったと思います。漢字の成り立ちを考えても、神事に由来するものがとても多いのです。漢文学者である白川静さんの著書を読むと、「こざとへん」の意味として、神が上り下りする階段とありました。「降」という字にもこざとへんがついていますが、それも神様が降りてくるのだと解説されると納得できます。

神は人の形をしたものではありません。自然の猛威を目にしたときには神に祈るのですから、「自然＝神」です。エジプトの太陽神のように「太陽＝神」という考え方もあります。日本のアニミズムは、そこかしこに神が宿っているという考えです。

古代人には、神を畏れながらも敬うような意識が、共通してあったのです。

そうした人間を超えた力に対する一種の畏れの念や崇拝の念は、原始的なものだと思われがちですが、自分を超えた大きな存在を認めることがなくなり、SNS仲間で承認し合うばかりになると、自分を垂直次元で把握しなくなります。

すると、これまで人類が培ってきた文明の原点や、文化の深みが伝わらなくなるような気がします。要するに、文化の継承がうまくいっているのかどうかわからないという思いに駆られることが、私にはあるのです。

かつて、それは神話によって維持されてきました。神話を語ることで、人間と神という区別があり、神の逆鱗に触れると大変な事態を招くとわかったのです。

古代ギリシャの考え方もそうですが、古事記にも神に逆らって痛い目に合った話が書かれています。自分を超えた畏れを抱く存在を認めることによって、自分自身を律してきたのです。

The Happiness

自分を超えた大きな存在を認めることで、自分を律することができる。神話によってそれを学び、その神話を継承することが大事。

No.38
自由奔放と束縛のバランスが程よいときに幸福感がある

幸福感には自我の安定感が関係していると思います。

欲望に駆られ、奔放に振り回されている状態も良くないし、人に縛られ過ぎて自分を殺してしまっている状態も良くない。幸福感はそのバランスが程良く取れているときに感じやすいのではないでしょうか。

フロイト的に説明すると、「イド」や「リビドー」のような根源的な生命エネルギーです。そのエネルギーは燃え上がるマグマのような欲動ですが、それだけではあまりに自分勝手になってしまいます。

しかし、そのもう少し上に「スーパーエゴ」（超自我）というものがあるとすればどうでしょう。

これは「こうすべきだ」と親や社会が命じるようなものであって、そうしたスーパーエゴが上に乗ることによって、野放図な生命力とバランスが取れるのです。

そして、そのあいだにバランサーとして自我が構築されるという考え方です。

たとえば、命令する父親的存在であるスーパーエゴがない状態だと、野放図に育ち過ぎて、変な全能感に満たされます。そういう人はルールも守りません。

だから、うまくバランスを取ることが必要になるのです。かつてなら、してはならない「十戒」のような宗教的な戒めや、『論語』が実践すべきと教える「仁義礼智忠信孝悌」的なものがあり、小さい頃からそれをたたき込まれました。

人間はそれによって自分を抑制してきた。そういうバランスがあったのです。

人々は何かしら自分（自我）を超えたものを自分の内部に取り込むことによって、憧れだったり戒めだったりするものに身をゆだねてきたのです。

The Happiness

父親的存在の「スーパーエゴ」と、自我とのあいだでバランスを取ることで幸福感を得られる。

No. 39

「真」「善」「美」と幸福感の関係

スーパーエゴの典型が「真」「善」「美」だと思います。

真理を追究している人はまわりの評価によってブレることはありません。

数学者はまさにそうだと思いますが、変人と思われている人が結構多く、「ポアンカレ予想」を解いたロシアの数学者など、めったに外出もせず、ひたすら数学の問題を解いて暮らしているとか。

それでも真理を追究していくプロセスに魅力を感じているので、まわりの人の評価を求めて息を浅くして生きる必要がないのです。

科学者などにはそういうところにハマる独特の幸福感があると、『幸福論』を書いたラッセルはいいます。

まわりがどうみていようと、「自分はこれを明らかにしたい。それは世の中に貢献する」という強い思いがあり、LEDのように人類のためになる研究ならなおさら充実感を覚えるわけです。

そういうものから得る充実感は、まわりの人に承認される充実感とはレベルが違うものです。

「この世に生まれて、こういうものを追究できてよかった」と思える、根のしっかりとした充実感です。

「善」に関していえば、「善なる生き方とは何か。それを追究するのが人間にとって一番大切なことだ」というのがソクラテスの主張です。

古代ギリシャではより良い生き方について考え続けることが一番重要だとされていました。アリストテレスも「善」を考え、それに向けて生きていくことを重んじました。

また、知を愛するという意味の「フィロソフィ」とは、もともと愛知主義というような意味ですが、その「知を愛する」というのも善と関係しており、より良く生きていくという倫理観や知を愛することが古代ギリシャでは非常に発達していました。その流れが西洋文明の源流になっています。

善を追究する生き方は現代の日本人にはピンとこないかもしれませんが、徳のある人間を目指すこと自体、人類の歴史の中ではとてもメジャーな生き方だったのです。

アメリカ合衆国の建国の父とたたえられるフランクリンの自伝にも次のような話があります。

「沈黙の徳」「勤勉の徳」「倹約の徳」といった項目を手帳に並べ、「今日はこれができた」とチェックしていたというのです。

あるいは、江戸時代の子どもたちも『論語』などを素読しながら、「仁義礼智忠信孝悌」といった徳を幼い心に刻みつけていったわけです。

いまの時代には優しさが1つの徳になっていますが、聖書や論語など原点になっている古典が明確でないまま、何となくこういう人間がいいという感じで教育されている感じがします。

これは善に近づき、人間性を完成したいと努力するというのとは違います。

「美」についていえば、芸術家は美を追求したい思いがあるだけで、自分自身が幸福なのか不幸なのかはわからないと思います。

モーツァルト（オーストリアの作曲家）は生前から評価されていたにもかかわらず、個人の墓はなく、集団墓地に葬られているといわれています。ゴッホ（オランダの画家）はほとんど評価されることなく人生を終えています。

美を追求した芸術家は、あまり人に理解されることなく亡くなるケースも少なくありません。

しかし、深さの次元は違います。美の世界を追求することは日常の活動とは異なり、非常に深いものに触れる感じがあると思うからです。

The Happiness

「真」「善」「美」を突き詰めていく生き方には、それぞれで幸福感の違いがある。

No. 40

日本人が長く持つ幸福感のスタイルは「手に職」

美を追求するという点で、芸術家とは少し違ってバランスが取れているのが、日本の職人だと思います。

古代ギリシャ人が選ばれし人々だとすると、日本の職人は普段の生活に結びついているので、より一般的に幸福だったといえるでしょう。それをゴッホが評価していて、ゴッホは日本の職人のようになりたがっていました。

日本の浮世絵職人は、個人ではなく、仲間で仕事をし、無名なのにいい仕事をしている。ゴッホはそういう職人仲間の村のようなものを作りたがって、ゴーギャンも誘ったのですが、結局うまくいかなかったという話があります。

浮世絵職人の場合、名を残したいとか芸術家になりたいとは思わなかったでしょう。彼らの仕事は日常の生活の中にあり、それは桶を作るのとあまり変わりません。版木を作る人や刷り師など、多くの人がいろいろな職人仕事を分担して作品を売る。

そういう中で美を追求することにゴッホが憧れたのは面白いと思いますが、それは働くことに生き方の美を見いだしていたからではないでしょうか。

浮世絵職人は浮世絵という芸術作品を描いているのだけれど、広く売買されて仕事になっていて、普通の生活が成り立つ。しかも、仲間もちゃんといる。ゴッホはそのようになりたいと憧れ、弟への手紙などにその旨をつづっているのです。

職人仕事をすることで人々の生活に貢献できるというのは、日本人の1つの幸福の形だったと思います。

だから、いまも日本人は職人仕事に幸福を見いだしたいようで、たとえば職人歴50年ののこぎり職人が紹介されると、「そういう生き方はいいなぁ」とほれぼれしてしまうところがあります。

逆に、金融関係のディーラーで瞬時にもうけたという人の話を聞くと、「ちょっと違うな……」といった感想を抱きます。

ディーラーも一種の職人かもしれませんが、レオナルド・ディカプリオが主演した映画『ウルフ・オブ・ウォールストリート』などを観ると、そうしたあぶく銭のようなものを求めても、ろくな結果にならないとわかります。

1980年代後半から1990年代初頭の日本のバブル時代にいい思いをした人もいますが、もう少し地に足がついた幸福感を求めたほうがいいのでしょう。

いずれにしても、自分に「手に職」があり、役に立ってまわりの人が喜んでくれ、自分自身もうれしいというのが、日本人が長く持っている幸福感の主流のスタイルだと思います。

いまも、たとえばパティシエになりたいという人は多い。お菓子職人がなぜいいかというと、多くの人に喜んでもらえるからです。

パティシエになるには厳しい修業が必要ですが、人を幸せにするプロフェッショナルな仕事であり、成功すれば金銭的にも恵まれるでしょう。

The Happiness

手に職を持ち、作り出したものが人の役に立ち、まわりが喜んでくれる。日本人は地に足がついた幸福感を求めたほうがいい。

No. 41

新しい価値を生み出す「システム職人」を目指そう

「ものづくり日本」のような話は私自身も好きで、そういう話を聞くとホッとします。しかし、職人気質でする仕事の対象が物そのものだと、現代社会ではどうでしょう。

いい物を作っていれば、それでいいような気もしますが、その一方で果たして本当に十分なのかとも思います。

グーグルやアップルをみていると、物やシステムなどの基準を作った人間がほとんどの利益を持っていってしまう社会になっていることがわかります。

そうである以上、物を作っているのは、とても20世紀的な感じがしてしまうのです。

より価値を生み出すような頭の働かせ方、もっというと、ルールやフォーマットを作りあげる頭の働かせ方が必要なのではないでしょうか。

たとえば、アップル社のｉＰｈｏｎｅはアプリ（アプリケーションソフトウエア）を取り込んで使いますが、各種のアプリは世界中の人が開発します。

でも、アプリの会社から莫大な利益を得るのはｉＰｈｏｎｅのシステムの基盤を作った会社です。

同様に、ＬＩＮＥではスタンプを作って売ると、ほしい人がそれを買います。最も利益を得るのはＬＩＮＥを運営する会社ですから、そうしたもともとのシステムが価値を持つ時代なのです。

そう考えると、21世紀には、１つの物を作る職人というよりも、「システム職人」の意識を持つことが必要なのではないかと思います。

それは19世紀にもすでに必要でした。たとえば、明治維新の際、日本の資本主義の父といわれた渋沢栄一は銀行システムを導入しました。銀行という名の金融システムです。

渋沢はシステムそのものを学び、自分なりに理解して、それを日本に合うようにして根付かせました。

渋沢のその観察眼と応用力が頭の働きとして素晴らしいのです。銀行システムを導入した人が職人かというと違うでしょう。職人職人することは、幸せ感につながることではあるけれど、本音をいうと、ちまちまと江戸時代に退行するような感じもあります。

現代のような社会においては、もっと新しい価値を生み出す頭の働かせ方が、より一層繁栄するために必要だと思います。

The Happiness

いい物を作ることも大事だが、現代社会は、新しい価値を生むシステムを作ることを目指そう。

No. 42
これからの幸福な仕事は『妖怪ウォッチ』がモデルケース

チームでクリエイティブな作業をしてアイデアを生み出し、利益をもたらす仕事をして得る幸福感が、これからの幸福感の1つの形だと思います。

たとえば「妖怪ウォッチ」がそうです。これは単なるゲームやおもちゃではなく、システム全体を作ってしまう動きだからです。その会議は居酒屋での飲み会みたいだといわれていて、大いに盛り上がると聞いています。

みんなでいいたいことをいいながらアイデアを出し合い、漫画部門、玩具部門、アニメ部門、ダンス部門など、いろいろな部門の仕事が同時並行的に進んでいきます。

「子どもを楽しませる面白いものがあればいいな……」という思いを重ね合わせて作

り、いろいろな仕掛け方をして全部成功させたという現象です。そこにはものすごい数のアイデアが含まれています。そんな「妖怪ウォッチ」によって、どれだけの子どもが楽しんだことか。それは想像を絶します。

人を幸せにするアイデアが詰まった大きな企画であり、システムのようなものを生み出していく力は、単にモノを作るだけなのとは違って、人を幸せにしますし、その仕事をしている人にも高揚感をもたらします。

この「妖怪ウォッチ」のように、これからの幸福な仕事の1つの条件はアイデアで新たな何かを生み出していくものでしょう。そういう時代に入っていると思います。

基礎的な部分では、日本人はおよそ幸福ですが、幸福感の下限のところでたゆたってしまうと、国として前世代、前々世代の膨大な遺産の中で食べているような感じになってしまいます。加速していた世代が自分たちの前にあり、自分たちは慣性の法則でその遺産に乗っている、あるいは減速しつつあるという半端な「乗っかり幸福感」で満足してはいられないでしょう。

もっと積極的にアイデアを生み出していく。その力はいまの日本の若い人たちも持っていると思います。

学生たちに企画を立てさせることがあります。それぞれにがんばって考え、結構いいものが出てくるのですが、問題は強制的に要求しないと提出しないこと。「誰か、いい企画があったら持ってきてね」。これでは誰もなかなか持ってこないのです。

そこで私の授業では全員発表方式にしました。するとみんながさまざまなものを持ってくるようになりました。しかも、バリエーションが多彩で、アイデアも豊かなものです。ただ、スイッチがうまく入らない人もいます。

より手応えのある積極的な幸福感を得ようと思ったら、クリエイティブであることが重要だと思います。そのためには、ある種の強制力のようなものが求められます。クリエイティブであるためには、追い込むことが必要です。

The Happiness

これからの幸福な仕事の条件の1つは、アイデアで新たなモノ、特にシステムを生み出していくこと。過去の遺産の幸福感では満足は得られない。

No.43

錦織圭、羽生結弦……
幸福感は追い込まれてこそ得られる

スポーツの世界は非常にクリアな世界です。

テニスの錦織圭選手の世界ランクが十数位から5位に上がったときのことです。ジャパンオープンという大会で錦織選手は限界を超え、フラフラになって戦っていました。そんな状態で優勝したのですが、そのとき、彼は自分でも「新しいステージに入った気がする」といっていました。

あのレベルにはあのレベルの壁があり、そこで限界を超えて、何とか乗り越えると、新しいステージに入るのです。

フィギュアスケートの羽生結弦選手も、大けがをした約3週間後にNHK杯に出場しました。

そこでは転倒に次ぐ転倒でしたが、「無理をしなければいい」という大方の声に反発し、僅差ながらもグランプリファイナルの6人目に滑り込むことができました。

そして、グランプリファイナルのふたを開けてみると、NHK杯から10日ほどだったのに、2位の選手に35点差という最高得点で圧勝しました。

おそらく「これを乗り越えたのだから、新たなステージに上がれるのではないか」と、自分に期する思いもあったのではないでしょうか。

戦国時代の武将・山中鹿介なら、「願わくば、我に七難八苦を与えたまえ」というところでしょうが、それを乗り越えたときに以前ならたどり着けなかったところにたどり着けます。

そういう苦難を乗り越えていくのは英雄的なプロセスだと思います。苦難を乗り越えなければ、英雄にはなれません。

たとえば、ヘラクレスはものすごい苦難を与えられました。だから英雄なのです。苦難を乗り越えて、いよいよ英雄になっていく。

才能のある人はあえて自ら苦難を求めてどんどん進みますが、多くの人はそこまで明確な才能があるのかはっきりしない。

世の中の仕事の多くはスポーツの勝負とは違い、求められる才能の有無が明確ではないため、日常の中では上手にスイッチを入れる機会を作ることが重要です。それが積極的幸福感につながります。

そういう良い機会に巡り合い、スイッチが入ってチャレンジが始まると、みんな目の色を変えてやるわけです。そんなときに「壁を乗り越えた感覚」が得られるのです。

かつては部活での上下関係を突き抜けるときなどに得られたかもしれません。しかし、いまは部活も形が変わってきました。以前は先輩の背中を後輩が追いかけ、追い越そうと努力する関係性は絶対でしたが、いまは通用しなくなっています。

個人の自由や水平的な関係を求める傾向になっているため、伝統的強豪校でもなければ、「壁を乗り越えた感覚」は得にくくなっているようです。

The Happiness

より手応えのある幸福感は、自分を追い込んだ先で得られる。個人の自由やフラットな関係が尊重される時代ゆえに、「壁」がなくなりつつある。

No. 44

困難なミッションが気分に左右されない幸福感を生む

何かのミッションを与えられると、急にやる気が出て、それを成し遂げたときに幸福感を覚えることもあります。

若い人は何を一番欲しがっているのかと考えたとき、お金でもないし、勉強でもない、恋愛でもないような気がします。もしかしたら、ミッションが欲しいのかもしれません。

だから、教師の仕事も授業で学生を上手に追い込むことが大切です。たとえば、一見非合理に思える指令をいきなり出し、対応できるかどうかを試してみる。

いまの時代、大きな充実感を得るには自分が思いもしなかったミッションが与えられるくらいでちょうどいいのです。

居心地のいい「ありのまま」という充実感より、「えーっ？　それ無理！」というミッションをやり遂げた充実感のほうがはるかに大きいということです。

アポロ計画は人類最大のミッションの1つだと思いますが、そういう事業にかかわった人は、自分の人生を振り返ったときに「あれがあったから幸福だった」と思えるでしょう。

普通の幸福感は「今日は幸せ」「今日はイマイチ」といった気分に左右されます。

一方で、大きな事業にかかわった人は、その事業が過去のものになったとしても、それにかかわったのだから自分の人生は元が取れていると思えるものです。

しかも、他人に評価してもらわなくても、自分自身が満ち足りた感じを持って明確にわかる点で強いのです。

たとえば黒沢明や小津安二郎の映画にかかわった人たちはどうでしょうか。

黒沢明や小津安二郎自身が幸福かどうかは、彼らが天才なのでわかりませんが、それにかかわったのは普通の人たちでしょう。

「黒沢組」「小津組」でその事業に参加した彼らはその後、たとえ経済的に困難な状況に陥ったとしても、自分の人生は幸福だったと思えるはずです。

ニーチェは『ツァラトゥストラ』の中で、「自分はもう幸福は追求しない。事業への追求あるのみだ」というようにツァラトゥストラに語らせています。

「わたしの悩み、そしてひとの悩みへのわたしの同情、――それがわたしに何のかかわりがあろう」

ツァラトゥストラはそれまでずっとほかの人のことを考えていたのだろうと思います。

しかし、「いったいわたしはわたしの幸福を追求しているのか。否、わたしの追求しているのは、わたしの事業だ」「これがわたしの朝だ」と、力に満ちて洞窟を後にし世に出ていくのです。

The Happiness

困難なミッションをやり遂げたり、大きな事業にかかわることが、気分に左右されない幸福感を生む。

No. 45

ピラミッドやオリンピックなど国中に影響する大事業にある幸福感

ピラミッドは以前には奴隷を使って建設したという説がありましたが、最近になってそれが覆されました。一種の公共事業のようなもので、ピラミッドを建設することで経済や労働市場も活性化したのです。

しかも、魂の救いにかかわる宗教的な大事業である点で価値があるのです。それは単なる労働ではなく、聖なる労働です。石が積み上げられたあのピラミッドは、いまみても聖なる仕事の気配がします。何かの役に立つということではないのです。

万里の長城もすごいですが、あれは北方民族の侵入を防ぐためという機能を持つものです。積み上げた石の量としては万里の長城のほうがはるかに多いですが、聖なる仕事という観点からみるとピラミッドのほうが高い価値を持つように思えます。

そういう事業に参加していた人は、参加していた時点で幸福感に包まれていて、完成後もピラミッドをみるたびに幸福感を覚えるのです。

日本でも、かつて東北地方などから出稼ぎにきて、首都高速や東海道新幹線の建設に携わった人たちがいます。生活のためではありますが、たぶんどこかでこれらの事業に参画したことが誇りになっており、幸福感につながっていると思います。それは多くの人が何となく感じるような、雰囲気としての幸福感とは少し違う、手応えのある幸福感です。

1964年の東京オリンピックも、1970年の大阪万博もそうでしょう。これは私の個人的感覚ですが、1970年の大阪万博までが、日本中に事業感覚があった時代ではないでしょうか。当時はまさに日本国民全員が万博を盛り上げようとしていました。

みんなが同じ歌謡曲を聞き、1曲でもヒットすればその歌手はそれで一生生きていけるくらいの時代です。全員が共有しているような国民的な一体感が、70年の万博までは明確にありました。日本中が村祭りのように盛り上がり、国民全員が何らかの事業に参画したいという思いがあったその頃、大晦日にみんなでみる紅白歌合戦では誰もが知っているその年のヒット曲が流れていました。

ところが、やがてミリオンセラーになっても知らない曲がある時代になり、現在ではものすごく昔の曲か、全然知らない曲が紅白歌合戦のラインアップになっています。現代ではそうした情報のすみ分け、世代間のすみ分け、趣味のすみ分けによる一体感の喪失が起こっているのです。

おそらく石原慎太郎さんは、「そうした一体感を知らない世代に、それを味わわせてやりたい」と思い、東京オリンピックを再度招致するという考えに至ったのかもしれません。当時は無謀だといわれましたが、招致が決まったら、２０２０年に向けて結構盛り上がっています。そのように事業に参画するということには、人間の中に個では終わらない広がりのある充実感をもたらします。

「真・善・美」を追究している人たちも、ＬＥＤを研究している人たちも、ｉＰＳ細胞を研究している人たちも、それが広がったときのイメージを描いて追究しているのだと思います。

そういう全体的な事業に参画している高揚感は、実は非常に重要で、ＳＮＳで「いいね」「いいね」と承認し合いながら、日々、呼吸を浅くしているような幸福感とは違う、根を張ったような幸福感だと思います。

その1つのポイントは「天才でなくてもいい」ということです。

もちろん、iPS細胞でノーベル医学生理学賞を受賞した山中伸弥先生には天才的な部分もあるでしょう。しかし、彼1人の功績で受賞できたわけではありません。周りにいる人もこぞってアイデアを出し、山中先生自身も「みんなの研究だ」とおっしゃっています。今後も多くの人がこの分野にかかわっていくと思います。

前述した黒沢明にしても、彼自身は天才的な映画監督かもしれませんが、その映画づくりには何百、何千もの人がかかわっていました。

そのように作っていく作業——それもオウム真理教やセミナー系の悪質なものではなく——ちゃんと前を向いた建設的な事業に参画していくといった気風は、かつての日本企業にあったように思います。企業全体に家族的な雰囲気があり、「これで日本を豊かにしていくんだ」というような気風です。

The Happiness

事業に参画すると、人間の中に個では終わらない広がりのある充実感が生まれる。大事業ゆえの高揚感と相まって、後々まで幸福感が残る。

No. 46

ホームズとワトソンのように「バディ」で困難を乗り越えていく

学生たちに難しい課題を与え、ひと山越えると仲良くなります。チームを組んで1週間後に発表と決めると、個人で発表するより目に見えて面白くなるのです。

チームで知恵を結集して何かに対処するというのが、これからの幸福の核になるでしょう。

1人で小説を書く行為のような幸福感の追求は、個人の才能がものをいう世界です。一方で、チームの場合は互いに補い合い、それほど決定的な才能が個々になくても、チームの中で機能する役割を見つけられれば充実感が得られます。

幸福感をもたらす最少人数は「バディ」だと思います。

バディは2人チームの相棒を意味します。

シャーロック・ホームズみたいなもので、彼1人だと少し寂しい。切れ味はいいのですが、話を聞いてくれる人が必要なので、ワトソンがいないとバランスが悪いでしょう。

バディは2人セットで仕事をしていき、うまくはまると、深い分かち合いの充実感が生まれます。

そういうバディ感覚が日常にもあると、支えになるのではないでしょうか。

ものすごく広がってしまっているSNSのような浅い関係とは違い、2人で一緒に痛い目に合ったこともあるといった、そんな濃密な関係です。

私自身は勉強自体が個人的なことすぎると以前から思っていました。

個人が勉強して個人が評価されるというシステムは、考え方として狭いのではないかと思うのです。

中学生時代は仲間と一緒に勉強すると、できるようになるのが早いことをみつけ、当時からのバディと一緒に高校受験も大学受験も大学院受験も乗り越えました。

私はそんな「バディ勉強法」をずっとやってきたのです。それにより、コンビネーションがすごく良くなり、片方が勉強したことに対して、もう片方が追い付くのがすごく早いのです。

コンビで困難を乗り越えていくというのは、手応えのある幸福感をもたらしてくれるものです。

困難にぶつかったとき1人だとつらさも大きいですが、2人ならつらさが軽減されるという面もあります。

The Happiness

1人よりも2人で頑張るほうが、つらさが軽減し、うまくはまると深い充実感を得られる。

No.47

事業に参画する高揚感が薄れさせた成果主義の導入

テニスのジョコビッチ選手は、国別の対抗戦であるデビスカップに出場したときには、個人戦とは違う様子をみせます。ポイントを取るごとに雄たけびを上げる。そのすごい高揚感をもたらす要因の1つには、チーム戦だからこそというのがあります。

さらに、国の名誉を背負って戦うという意識が一層の高揚感をもたらします。ファシズムはそうした高揚感を利用していく思想で、ナショナリズムにも共通する点があります。ナショナリズムの危険性は、自国中心主義なので、他国に対する嫌悪や憎悪をあおるところです。いまの時代なら、「中国という国は危ない」「韓国は困った国だ」といった憎しみをあおることで日本人を結束させようとします。

それは国民を結束させるための本来の形ではありません。自分たちがチームを組んで事業を成していくことで充実感を得ていく。それがあるべき形でしょう。

いま人々は会社という場に参加していることで、どれだけの充実感を得ているでしょうか。終身雇用・年功序列の時代は、会社が自分の人生を支えてくれる場だったので、会社への忠誠心も湧きやすかった。

ところが、20年くらい前からリストラということで首切りが横行するようになり、リストラを断行した経営者が褒めたたえられた時期もありました。

リストラでV字回復を果たしても、それは本当の回復ではない、そういう行為は絶対したくないという経営者も、一方にはいました。経営者は本来、リストラをせずに経営を立て直すべきだと思いますが、かつてはそういう時代があったのです。

その後、成果主義の導入によって年俸制になるなどの変化がありました。すると、会社は殺伐とした感じになってしまいました。

当たり前のことですが、家族には成果主義はありません。どんな人間でも家族であり、「終身雇用」のようなものなので家族のメンバーから外されることもありません。

それに対し、会社では成果を出さない人間を外し、成果を出した人間にどんどん分け前を与えるようになりました。それは一見フェアなようでいて、日本の風土には合っていなかったと思います。社内の雰囲気が悪くなり、成果もさほど出ないので、いまでは成果主義はあまり注目されなくなりました。

揺り戻しが起こったといえます。むしろ、もう少しきちんとした待遇を考えようと変わりつつあるようです。

1990年代頃から、会社に対する社員の忠誠心は薄れ、会社の事業に参画しているという高揚感を持ちにくくなりました。その結果、仕事を通じた幸福感の割合も減っていきます。

そして、「だったらプライベートを充実させよう」となった1つの表れが、職場の人との飲み会に参加しないという判断なのでしょう。会社とは適度な距離感をもって付き合おうという考えを持つ人が増えてしまったのです。

The Happiness

チームを組んで事業を成していくことで充実感や高揚感を得られる。成果を出せない人を外す成果主義は、仕事への幸福感を減らす。

No. 48

音楽や文学など文化事業は購入者も参画している

事業という点では人類の文化事業に参画するのもいいでしょう。クラシック音楽を演奏している人は、クラシック音楽の文化に参画していることになります。どんなに下手でもバッハを弾いていれば、音楽文化に参画しているわけです。

音楽の場合、演奏することが音楽という文化に参画する本来のあり方でしょうが、CDを買うことでも十分に参画しているといえると思います。

CDを買う行為はそのミュージシャンへの投資を意味しますから、ミュージシャン個人を支えることを通じて、音楽という文化事業に参画したといえるのです。

かつてはLPレコードを買うと、その支出が生活費全体に占める割合は非常に高くなりました。

それでも多くの人が買っていたのは、ジャズやロックといった文化的な大きな潮流に参加したいという思いがあったからともいえます。

だから、お金をため、経済的に厳しくてもレコードを買うという行為そのものに重要な意味があったのです。

文学もそうです。読者がいてはじめて文化になりますから、バルザックでも川端康成でもいいので作家が書いた本を買って読者になることによって、読書文化に参画しているといえます。

有名なエピソードですが、哲学者・西田幾多郎の『善の研究』の発売日には書店に行列ができたそうです。書店に並んだ人には西田幾多郎の思想に参画している気概があったのだと思います。

The Happiness

「読書をする」「CDを購入する」ことも文化事業に参画する行為。参加者がいてはじめて文化となる。

No. 49

「三角形の内角の和は180度」で感動できる人が得られる幸福感

すべてを情報として扱い、しかもそれらを外部に預けることができる人間は、自由なようでいて、何かに深くかかわることはできなくなっていると思います。

人間同士についても同じこと。ちょっとかかわってはすぐ別れ、またちょっとかかわってはすぐ別れ……というのを繰り返す。そういう息の浅さがあるのです。

それは「書く」という作業でも同じです。

何かを書くことはとても面倒な作業です。それだけに、たとえば卒業論文も50枚から100枚書いたとなると、乗り越え感があって、その幸福感、達成感は一生残ります。それはある一定の深い体験です。

そのような深さの次元をどう作り出すか。それには学ぶことです。

学ぶということは、幸福の1つの王道だと断言できます。年を取ってから大学に入り直した人は「若い人と学べるのはすごく幸福だ」といいます。

学ぶと新しい世界を知ることができて、自分の世界が開かれていく。しかも、ほかの人と一緒に学び、レベルの高いことに取り組むとか、ものの見方が新しくなること自体が幸福なのです。だから、学びには本来、すごい感動があるはずです。

物理学のニュートンやアインシュタインの公式に出合い、「わー、すごい」と思える人はやはり幸福だと思います。そうした「わー、すごい」という幸福感の集積が学びにはあるのです。

また、生命や宇宙の神秘など、すごいものはたくさんあります。そうしたもののすごさに目覚めるのが、学びの一番いいところです。学び自体が大いなる体験なのです。

たとえば、三角形の内角の和は180度だということに感動できる人とできない人がいます。

感動できる人にとって、三角形の内角の和は180度であると学んだことは体験になります。しかし、「あー、そうなんだ……」と通り過ぎてしまう人にとっては情報に過ぎないのです。

情報化社会の中で、体験としての学びをいかに確保するか。それは今後の幸福の1つの核になるでしょう。しかし、いまは文化に触れて学ぶ高揚感や感動が手に入りやすい状況ではあるのですが、あまりにも広がり過ぎました。

しかも、みんなクイズのような状態になっていて、すごく薄っぺらに「あー、そうそう。知ってる知ってる」みたいな感じで、知識の貴重さは失われています。

昔でいうと、世阿弥の『花伝書』は門外不出の書として一族にだけ伝えられた貴重なものでした。いまは広く出版されているというのに、大方の人は読みもしません。

そんな状況とも似ているのです。

テレビ番組は学びの瞬間を新鮮な出合いとして捉えられるように仕掛けを工夫しています。そのため、考える時間をごく短くし、クイズ形式にして視聴者に負担をかけないようにしています。そこに便利過ぎる浅さが出てしまうところがあります。

The Happiness

学ぶことは、幸福の王道。広く浅くそして大量に情報があふれる社会の中だが、体験としての学びを確保するべき。

No.50

読書の本質は「情報」を得る行為ではなく「体験」

羽生善治さんは10代の頃だったかに江戸時代の詰め将棋100題を解いたそうですが、それを解いたことがとても有意義だったと語っています。

その詰め将棋はものすごく難しいらしく、それを解いている時間に思考の粘り強さのようなものが鍛えられたそうです。

1つの詰め将棋をずっと考え続けることは、現代にあってほしい幸福感ではないかと思います。

幾何学の証明にも似たようなところがあります。

たとえば、「フェルマーの最終定理」は問題が提示されてから350年以上たってようやく証明されました。

それまでは多くの数学者がある意味で楽しんできたのですから、数学者は幸福だといえるでしょう。

彼らは考えて考えて、問いを立てた人に対するリスペクトとともに、「よくこんな問題を作れたな」と思いながら問題を解いていきます。

だから、自分自身も素直に謙虚になれるし、何かをリスペクトして「すごいな」と思っているときは幸福だと思うのです。

数学の問題は登山にも共通すると思います。

登山の場合、山には自分の足で登らなければなりません。そこで見た風景は自分が勝ち取ったものなので、危険だといわれようが、どうしても登りたくなってしまいます。

数学の問題も1つ解ければ、また1つと、正解したことによる達成感、幸福感を得たくなるわけです。

そんな登山に似ているのが、たとえば『カラマーゾフの兄弟』などの大作を読むことです。

ドストエフスキーの作品という巨大な山を踏破する感じが得られるでしょう。1行1行、1ページ1ページが1歩なのです。読み進めることには踏破感覚があり、読書であっても体験になります。

読書の本質は、情報を得ることではなく、体験だと思います。

その世界にどっぷり漬かって1週間なり、1カ月なりを過ごす。ゲーテの話、ニーチェの話、ラッセルの話、アランの話を聞くことは、それ自体が体験です。

そういう体験としての読書をせず、情報としての読書だけをして、すべてが自分の外側を流れ過ぎてしまうと、手応えのある充実感は得られません。

やはり、1冊の本を目の前にしたときに、「読むことが体験になる」と思って読む読み方と、「情報を得ればいい」と思って読む読み方では、違ってくるのです。それは絵をみるのでも音楽を聴くのでも同じです。

The Happiness

1冊の本の世界にどっぷりと1週間、1カ月間と浸かってみよう。読み進める踏破感が、読書することを体験へと変える。

No. 51
自分にスイッチを入れてくれる存在がいる幸福

スイッチを上手に入れてくれる人を持っていると、幸福感が増すこともあります。スイッチを上手に入れてくれる人というのは、ちょっとプレッシャーを与えてくれるような存在です。

孔子は弟子たちに厳しいことをいうので、たぶん彼らはうっとうしく思っていたでしょう。それでもまた先生に会いにいってしまう。厳しいことをいわれてはまた会いにいく。孔子と弟子たちの関係はその繰り返しです。

孔子自身はほとんど就職もできず、命の危険にもさらされているので、不幸といえば不幸です。

そうした状況の中で、道を究めることを目指して弟子たちと一緒に放浪の旅をしている。

しかし、「朝に道を聞かば、夕べに死すとも可なり」（人がどう生きるべきかを悟ることができれば、夕方に死んだとしても悔いはない）と『論語』にあるように、そうした道を目指す者同士の歩み自体が――それは放浪の旅であっても――幸福なのです。

もちろん、それは孔子がいたからですが、どこかの集団には、そういう人がいるものです。

くじけそうなときもそういう存在がいて、まわりがやる気になる。

それを「キャプテンシー」といいますが、キャプテンシーを持っている人がいることによって、まわりの人は面倒なことでも「まあ、やろうか」という気持ちになりますし、チームの士気も高まるわけです。

スイッチは自分で入れることも大切ですが、スイッチを入れてくれる存在を持って生活することで、ずいぶん変わります。

そういう人とは年に1回、あるいは3年に1回くらい会って、ひと言もらうだけでも十分かもしれません。また、「私淑」といって、実際にかかわらなくても、遠くからみていて自分が一方的に師と仰ぐだけでもいいでしょう。

私の場合、ゲーテやニーチェがいま生きていたとしても、あえて会いにいこうとは思わないでしょう。その人たちの本を読んだだけでも、十分に強烈だからです。

実際に会わず、私淑している関係のほうがいい場合もあります。また、現実の人間よりも作品のほうがいい場合もあります。

作品に感動して作者に会ってみたところ、怒りっぽいオヤジだったりしたらがっかりしますから、作品を通して私淑するという方法もいいものだと思います。

The Happiness

スイッチを入れてくれる存在がいることは、幸福である。その存在は人でも物でもかまわない。

No. 52

人間の基盤は身体
温めるだけで変わる

日常的な幸福感は、身体的な面からも考えることができます。「身体的な」というのは、温泉につかって幸福を感じるというようなことです。

人間は身もふたもないほどに身体的な存在だと、私は思っていますから、幸福の条件としてはお金以前に体が温まっていることを重視しています。

たとえば、腹巻きで冷えないようにするとか、温かい飲み物を飲むとか、温泉につかったりサウナに入ったりして、体を温めておくことが落ち込まないコツなのではないかと思うのです。

「人間は身体を基盤として生きている」というのが私の研究の出発点です。

身体の上に気分が乗っていて、その気分が心のありようを支配する。落ち込んだりすることにはそんなメカニズムがあるのではないかと思います。

ですから、その人の心のありようを変えるには気分を変えればよいのかもしれません。そのためには何かを食べたり、眠ったり、お風呂に入ったり、散歩や運動をしたり、犬をだっこしたり……という身体的な刺激が効くのではないかと思います。温まり感や爽快感など身体の状態感を変えることに軸足を置いてみると、それらが崩れていることのほうが、悩み事以前に重要ではないでしょうか。そちらの調子が悪いと、何にせよ悪いほうへと考えが向いてしまうのでしょう。

そこで、夜はお風呂に入って汗をかき、好きなお酒を飲み、好きなテレビ番組を見て寝てしまう。

そのようにして、「今日は身体が温まって、好きなお酒も飲んだから、プラス・マイナスでいうと、ちょっとプラスだ」などと、1日1日の収支決算をわずかでもプラスにして終える。

あまり大げさに考えず、1日の身体的な状態を良くすることに投資を惜しまないようにすると、手っ取り早く幸福感を得られるのではないかと思います。

そう考えると、忙しいからとお風呂に入らないのはむしろ逆効果。私は忙しくてハードなときほどスポーツジムに行き、10分でもいいからお風呂につかってサウナで汗を流し、合計30分もかけずにジムから出てきます。

すると、身体の状態感がまったく違うのです。温まるし、すっきりした感じになります。

いまは神経を使う仕事がとても多いので、神経だけが疲れていて、身体は疲れていないという状態になりがちです。

身体の中でも目や肩など、一部だけを酷使することがあります。そんなとき、お風呂は全身を温めて疲労させる効果があります。

そうすると、すぐれない気分から脱出しやすい。食べ物も身体を温めるものとして重視するべきです。おいしく食べて、なおかつ温まることが大切なのです。冬は特にそうだと思います。

The Happiness

人の幸福を左右するのは身体の状態。だから身体からアプローチする。身体の調子を整えることで気分は変わってくる。

No. 53

「ルーティン」を持つと楽になる

生きるための基盤を身体に置き、「ルーティン」（規則的な日常の活動）を持っていると、人は安定します。このルーティンに入ればだいたいのことは吹っ切れるといった具合です。

ルーティンは偉大で、同じことを繰り返すのはすごく楽なのです。それは適量や力の抜き方がわかるからでしょう。

他人からすればハードに思えるような仕事をしていても、本人は慣れているので何ほどのこともありません。

私は一時期、朝4時頃にテレビ局に入り、9時頃までいて、そのあいだに2時間の生番組に出演していました。

そうした時間はそうでない人にとっては巨大なストレスに思えるかもしれません。しかし、私には毎日のことですし、番組内のコーナーが安定していると、それがリズムにもなってきます。

逆に、特番のようなスタイルになるとつらい。

たとえば、選挙があった翌日に番組が選挙一色になるような日がそれです。そんな日はすごく疲れる感じがします。

一見、同じような仕事でも、自分のルーティンの中で先が読めてエネルギー配分ができるかどうかによって、ストレスはずいぶん変わります。それが他人から見てハードかどうかということとは関係ないのです。

著書にしても、何十冊、何百冊と出すのは大変なように思えるでしょう。しかし、本を書くリズムができると、そのパターンに慣れてきます。

一種の職人仕事なのかもしれませんが、型にはまって同じことを繰り返していてもいいというのが職人仕事の良さです。

そういう安心感をベースにしながら生きていくと、仕事をしていてもストレスが少なくなります。

もちろん、上手にお酒が飲める人はそれをルーティンにしてもいいでしょう。

私の場合、「上手に」といえるほどお酒に強くないことを、40歳を過ぎてようやく気付いたものですから、お風呂やサウナで汗を流すとか、本を読むとか、足をブルブルさせるマシンを使うとか、身体的に直接影響のある小ワザのようなものをいくつか持っています。

そういうものを持っていると、ストレスがあっても、日々の収支決算は結構プラスで終わります。

ストレスを多めに感じた日はマッサージに行く。そうやって、その日のストレスに応じて身体に投入するものを変え、プラス・マイナスをゼロか、少しでもいいからプラスにするのです。

人生など大き過ぎるスパンで考えず、シンプルに、1日1日で決算していきましょう。トントンか、ちょっとプラスで終わるようにする。それを体感的なものとしてやることが大切です。

「今日は人類に貢献した」とか「今日は文化的な大事業に参画した」というのではな

く、「今日は餃子を食べた」「今日はお風呂に気分良く入ってすっきりした」「布団に湯たんぽを入れて、ぬくぬく寝よう」というふうに。

私はその考え方のヒントを犬から得ました。犬は幸福をシンプルに実現しているような気がするからです。

暑い日は冷たいタイルの上に寝転がっていて、寒いときは日向にいます。また、身体の命ずるままにぐんと伸びをしたり、あくびをしたり。あるいは人が来たらはしゃいだり、食べ物がほしくなったらワンワンほえたり。そして、何も必要でないときは寝ている。

喜怒哀楽という点では、犬は人間以上に豊かなのです。

そのうえで、退屈を上手に紛らわしたり、ストレッチなどをしてストレスをうまく逃がしたりするなど、自分の身体の扱いが上手なのです。

ストレスがたまると、勝手にやたらと走り回ったり、自分の気に入った人形を相手に取っ組み合いをやってみたりもしています。

犬や猫たちはかぎられた条件の中で自分のエネルギーをうまく保存しつつ、一方で発散もしています。ペットと暮らすことには、かわいいというだけでなく、緩やかな幸福感に直接触れるという恩恵もあるのです。

私たちもそんな生き方を見習いたいものです。

日々の決算で大きなプラスを生み出さなくてもいいのではないでしょうか。毎日がトントンでいけば身体的にはちょうどいい。

精神的な充実感を得るというより、純粋に身体に対して緊張を中和したり、たまったストレスを発散したりするのです。

The Happiness

幸福は1日1日で決算する。1日分のストレスはその日のうちにプラス・マイナスゼロにする。

No.54

「気」の流れで幸福感を得る

東洋には「気」という考え方がありますが、気が流れている状態がある種の幸福感だと思います。

私は気を中心にして幸福論を構築することもできると考えるほどで、人間は気の交流をしている身体的存在なのです。

男女間でも相性が合うといいですし、気心の知れた人と一緒にいると楽ということがあります。やはり、気が流れている状態が幸福なのだと思います。

作家でも、編集者が変わると急に仕事が嫌いになる人がいるようです。

漫画家など、相性のいい編集者と出会ったことをきっかけに、ヒット作が誕生したという話も聞きます。

前述したバディもそうですが、気の流れがいい関係性を構築できると、「今日も気が流れて滞りがなかったから、プラス・マイナスでいうとプラスだ！」といったように、実は大したことをしなかったとしても「まあ、いいか」と思って1日を終われるでしょう。

気が流れていると幸福で、気が滞ると良くないなら、気が流れる相手といればいいのです。

犬といると気が流れる人は、犬といればいいのです。太陽を眺めるだけで気が流れる人もいるでしょうし、サーフィンをしているときに波との気の交流を感じる人もいるでしょう。

気は1つの象徴的な言葉です。江戸時代の儒学者で本草学者（博物学者）の貝原益軒は、気が交流するのが養生だといっています。養生は長生きに通じ、心も体も健やかに長持ちさせることを意味します。

その基本は気の流れを滞らせないこと。

だから、「この本の著者と気が合うから読む」「この音楽と気が合うから聴く」、あるいは「この人とは気が合うから一緒に暮らす」というようにすればいいのです。気の流れで身体的な基礎条件を構築しておくと、ストレスやトラブルがあっても、ベースがしっかりできているので楽です。

私はどちらかというと精神よりも身体に重きを置いているので、エネルギーの流れが滞らないように滞らないようにと持っていきます。

それも、適度に疲れるように持っていく。この適度であることが大切で、偏ったひどい疲労感が続くと、人間は考え方が過激になったり、うつ気味になったりするものです。

「今日は何でこんなに気分がすぐれないんだろう」と思うと、普段より変化の多い仕事を過剰にやったりして、神経がすごく疲れていることに気付きます。そういう日はお風呂などもちょっと長めに入るなどして体をいたわるわけです。

The Happiness

「気が流れる状態」が幸福。人間関係や生活全体をその観点で捉え直してみる。

No. 55
数時間前の嫌な出来事をはるか昔の出来事に変えてしまう方法

人によっては、ストレス解消は簡単で、好きな曲を10回くらいリピートして聴くとすっきりしたりします。リピートは案外、幸福の鍵ではないかと思います。

私もよく同じ曲を繰り返し聴くのですが、余計なことを考えなくても済むように身体のどこかをマヒさせてくれます。気に入った曲をある程度の音量で何度も聴くと、心が安らいでくる。

こうした経験は誰でもあると思います。考えなくてもいいことを考え続けてしまうことが疲労の原因だからでしょう。

そして、これが不幸の原因の1つでもあります。ある考えが頭から離れない。人にいわれたささいなひと言がずっと気になっている、などです。

不幸の主な原因は案外そんなことで、食べ物がないとか、着る服がないから不幸だという人は、現代の日本にはあまりいません。

そうではなく、誰かにいわれたひと言の不快感や、うっかりやってしまったことへの後悔などを、頭の中で繰り返して増幅させてしまっているのです。

そうした状況を是正する方法は2つあります。

1つは時間を早く過ぎさせることです。私の場合、録画しておいた映画を1日に2本見たり、サッカーの試合を3試合分まとめて見たりします。

本も一度に2～3冊読みます。それだけ時間を費やすと、その直前に悩んでいたことが相対的にものすごく遠いことのように感じられるのです。

さらにその間に、お風呂に入ると、当日の昼間の出来事も1週間くらい前のことのような気がします。要するに、忘却することがストレス解消の1つのコツです。

繰り返しますが、忘却のポイントは自分で時間を操ることです。ある時間内の体験を増やすと、悩んでいたことが遠く感じられます。その時間の中にいろいろなことがあると、数日前のことも、1カ月前のことのように感じられたりするのです。

学生がキャンプに行くと、その前のことはものすごく遠く感じられる。そんな体験型の行事を入れると、それ以前の出来事は一気に遠く感じて、忘却作用を促進することができるのです。

もう1つは、ストレスの原因よりも大変な出来事を経験すること。そうした事態に陥れば、それまでの悩み事はどうでもよくなります。

いろいろな悩みを抱えていた人でも、かわいがっているペットが病気になれば、ほかのことはどうでもよくなってしまうでしょう。大きな出来事には問題を相対的に小さく感じさせる効果があるわけです。

むしろ積極的に大きなものと比べるのも1つの方法です。「アウシュビッツに収容された人たちに比べたら、何て小さなことで悩んでいるのだろう」という具合に。

イスラム国に子どもたちが虐殺されたなどという報道に接すると、痛ましいと思いつつ、「日本で普通に暮らせているのは、何て幸福なんだろう」と感じるはずです。

The
Happiness

不快な気持ちなどを引きずるのは不幸の原因の1つ。短時間での体験を増やしたりすることで忘却作用を促進しよう。

No.56

余計な思考は「上手に」マヒさせる

悩んでいるときは、相対的に物事をみるという方向にはなかなかいかないものです。自分のことでいっぱいいっぱいになってしまう。

そんなときはある程度、考えることを上手にマヒさせるのです。それは決して逃避ではありません。

将棋が趣味の人なら、将棋を指していると落ち着くということもあるでしょう。

ビートたけしさんはフライデー事件を起こした後に、絵を描くことで救われたとおっしゃっていました。

絵を描いているとその世界に入り込めるので、いろいろなことを考えなくて済んだので良かったというのです。ストレスの多い人でも、そういうものを持っていると思います。

デカルトには「考え尽くしたら、あとは迷うな」といった言葉があります。考え尽くしたら、あとは考えないということです。

こうしたことができない人は、感覚に訴えるのも1つの手です。前述したように、音楽をリピートして聴くと余計なことを考えなくなります。

その音楽の世界に没入することで、どうでもよくなってくる。少なくとも、気分は少し和らぎます。

写経はそういう効果がある作業でしょう。般若心経を書き写せばその教義の理解が深くなるという以前に、反復して書き続けることにより、落ち着きます。

それはセロトニン系という安定をもたらす脳内物質が、作業を反復することで活性化することによるのです。

The Happiness

悩んでいるときは別のことをする。そうすれば考えることを上手にマヒさせられる。

No.57

幸福を収める器の大きさは人によって異なる

人によって、幸福を収める器の大きさは異なると思います。ささやかなことでとても幸せになる人もいれば、ものすごく大きなチャレンジをしないと幸福感が得られない人もいます。

それは幸福欲の器の大きさの違いです。

その点、英雄と呼ばれる人たちは相当大きな事業をしないと幸福感が得られなかったのでしょう。

ナポレオンくらいになると、その器は考えられないほど巨大ですから、ロシアを征服することが必要になるわけです。

ラッセルは次のように記しています。

ナポレオンはカエサルをねたみ、カエサルはアレキサンダーをねたみ、アレキサンダーはたぶん、実在しなかったヘラクレスをねたんだことだろう

確かに、そういう人たちの大きな幸福欲の器を満たすのは本当に大変なのです。

私たちは英雄ではありません。だから、自分の置かれている状況に満足することも大切です。

日本人は世界でも自己評価が低い民族といわれています。本当はそこまでレベルが低くないので、自分自身に安らげるようにしたいものです。

そうした対処法が上手な人は生活の中にうまく取り入れているように思います。これをやったら、次にあれをやって……というような組み合わせです。

私の場合、極めてシンプルに生活を成り立たせているので、お風呂に入ってから、これをすればだいたいOKというような感じです。

また、あまりにも多くの人とかかわり過ぎないようにしていますし、SNSは思わぬ人から思わぬことをいわれるかもしれないので、基本的にやりません。

自分でストレス量をコントロールしつつ、自分の勝ちパターンを作っていく。ライフスタイルというような大げさなものではなく、自分で安らげる生活パターンを構築すればいいのです。

The Happiness

自分の幸福欲の器を知ろう。それがわかれば、自分で安らげる生活パターンを構築できる。

●参考文献

『ラッセル 幸福論』B・ラッセル著／安藤貞雄訳（岩波書店）
『幸福論』アラン／神谷幹夫訳（岩波書店）
『幸福について─人生論─』ショーペンハウワー／橋本文夫訳（新潮社）

【著者略歴】

齋藤　孝（さいとう・たかし）
明治大学文学部教授。
1960年静岡県生まれ。東京大学法学部卒業、東京大学大学院教育学研究科博士課程などを経て、現職。専門は教育学、身体論、コミュニケーション論。教員養成に従事。
主な著書に『人はなぜ愛するのか』『人はなぜ学ばなければならないのか』『壁を突破する言葉70』『人はなぜ存在するのか』（以上、実業之日本社）、『声に出して読みたい日本語』（草思社／毎日出版文化賞特別賞）、『身体感覚を取り戻す』（NHKブックス／新潮学芸賞）、『誰も教えてくれない　人を動かす文章術』（講談社現代新書）、『雑談力が上がる話し方』（ダイヤモンド社）、『語彙力こそが教養である』（角川新書）ほか、多数。

編集協力　株式会社cubix（青木茂明）、喝望舎（佐藤克己）
装幀・本文デザイン　若松隆

齋藤孝《さいとうたかし》の絶対幸福論《ぜったいこうふくろん》

2016年８月８日　初版第1刷発行

著　者　齋藤　孝
発行者　岩野裕一
発行所　株式会社実業之日本社
〒153-0044　東京都目黒区大橋1-5-1 クロスエアタワー 8F
【編集部】TEL.03-6809-0452
【販売部】TEL.03-6809-0646
ホームページ　http://www.j-n.co.jp/
印刷所　大日本印刷株式会社
製本所　株式会社ブックアート

ISBN978- 4-408-45571-6（第一実用）